七十七歳、私は幸せを走りつづける

人生ゆめランナー

加藤イト子

文芸社

目次

プロローグ　七十四歳、ゆめ国体を走る

●ゆめ国体の炬火ランナーに選ばれる

平成十年五月十二日、加藤イト子七十四歳の快挙である。十月に行われる神奈川県のゆめ国体炬火ランナーに選ばれたのだ。

小学校でリレーの選手だった私は、四十歳過ぎてから各種のウオーキングやマラソンレースに参加していた。五十二歳の時に出場した新宿から青梅までの四十三キロ飲まず食わずのカチ歩き大会では、八時間かけて歩き通した。それらの経験を応募用紙に書き、思い切って申し込みをしたものの、やはりこの年齢では役場でも困るのではないかといらぬ心配までしていた。

ましてや、まさか選ばれるとは思ってもいなかったので、役場から正式の通知が届いても半信半疑であった。ユニホーム、ズボン、帽子のサイズを用紙に書いて送ったりしていると、夢ではないのだと初めて実感が湧いてきた。

うれしい。頑張るぞ。少しファイトが湧いてきた。それからはゆめ国体に向けて毎朝十分の練習に励むことになった。

町の体育館で炬火リレー走者の説明会があった。選ばれたのは、ほとんどが小学校高学年の子どもたちだ。子どもといっても体格が良いので私が小さく見える。高齢者は六十五歳の男性と七十四歳の私の二人だけだ。

一緒に走る人たちと顔を合わせ、ますますファイトが出てきた。ランナーはチーム別に分かれ、練習日には役場から大井小学校までの一キロを走る。私は九チームに配属された。これからも休まず毎日家の周りを走って体を鍛え、十月のゆめ国体まで、とにかく頑張らなくっちゃ。

●炬火ランナーとしていよいよ走る

夏も終わり、いよいよ国体が近づいてきた。毎日少しずつ練習を重ねてきたので、大分自信もついてきた。

十月に入ると炬火の受け渡しの練習も始まった。ユニホームが支給され、さっそく着てみると、まるで小学生のようなので、我ながら可愛いと思った。

平成十年十月十八日、神奈川県ゆめ国体が開催された。七十四歳最年長の炬火ランナーとして出場する私にとって、記念すべき日である。

朝食を早めに済ませ、心の準備をして十二時に家を出て体育館に集合。各チームごとに記念写真を撮影した後、それぞれのスタート地点に移動する。私のスタート地点は役場会場だったので、そのまま少し最後の練習をしてから二時四十分まで休憩となった。

会場にはリサイクル（六十六歳のときから始めたボランティア）の仲間が九人、それに娘の道子夫婦が応援に駆けつけてくれた。心の伴侶として信頼し、親しくおつきあいしているYさん（男性）は、どこかで見守っていてくれるはずだ。

午後三時、パトカーの先導で八組が会場に入ってきた。いよいよ私たち九組にバトンタッチされる。緊張で身が引き締まるのが分かる。

さぁ走るぞと自分に言い聞かせる。このような晴れの舞台でマラソンができるのもこれが最後かもしれない。楽しんで走ろう、そう思うと硬くなっていた身体も心も柔らかさを取り戻してくるようだった。

多くの人たちの拍手に送られて欅通りに出る。大井小学校までの約一キロは全行程の中でも人通りの多いにぎやかな区間である。通りの左右は大勢の人が埋め尽くし、一列になって駆け抜けていく私たちに向かって、わぁーっと歓声を上げて応援してくれる。

かなりゆっくりしたスピードだが、私はとにかく前の人に遅れないようにと夢中で走った。左右の人たちが塊となって揺れて見えた。

最後の方では力を使い果たしてしまい、かなりつらかったが「もう少しだ頑張れ」と心の中で掛け声をかける。それでもいつものペースを崩さずにとうとう走り抜くことができた。

私の大きな夢が実現した。七十四歳のイト子、よくやったぞ。今日ばかりは自分を祝福してあげたい。

たくさんの人たちから電話や祝電が届き、私は華やいだ雰囲気に包まれていた。体の奥から深く静かに感動が湧いてくるのを感じながら、その日の私はとびきりの笑顔で幸せいっぱいであった。趣味の墨絵グループの友達が「二十歳若く見えたよ」と言ってくれた。

炬火ランナーとして走ることができたのもうれしかったが、地元の人たちに喜んでもらえたことの方がよりうれしいことだった。私はその幸せをかみしめていた。

思えば神奈川県のこの地に、定年退職を機に移り住んだのは平成元年五月のことだった。

第1章　人生の本番いよいよ始まる

「ゆめこそ人生の贈り物（六十五歳～七十二歳）」

●六十五歳で老人会に入ってゲートボール開始

平成元年五月、私は調理師として勤めていた食堂を退職した。もともと料理が苦手で嫌いだった私が、三十八歳から六十五歳まで料理関係の仕事をして生計を立ててきたというのも不思議なものである。

これからは少ない年金を上手に使い、好きなことをして暮らしていきたい。自分のために頑張りたい。

退職後、一番上の娘道子が暮らしている神奈川県足柄上郡大井町上大井に家を借り、横浜から引越しすることにした。最寄の駅から歩いて二分、古い木造の一軒家で家賃は三万円である。七万円の年金から家賃を払うと残りギリギリの生活だが、何とか工夫して暮らしていけるだろう。

初めての土地なので友達がいないのが淋しい。地域の老人会会長をしている家主に勧められて、六十五歳で老人会に入会をする。

老人会ではゲートボールが大変盛んで、私も始めてみることにした。昔から球技がからきし駄目だったが、案の定ゲートボールも笑われてしまうほど下手である。

民謡も習うことにした。短い期間で友達もたくさんでき、皆から可愛がってもらい楽しい日々を過ごすようになった。


大井町で暮らすようになって一年が過ぎた。町営住宅の募集があり申し込むと、運良く許可された。年金が少ないので大助かりだ。

御殿場線上大井駅から緩やかな坂道をゆっくり十五分ほど上ると、大井町山田の町営住宅が九軒道を挟んで並んでいる。眼下に田園風景の広がるのどかな良い所である。

四十年以上も前の古い一戸建てだが庭もあり、六畳、四畳半の二間に三畳くらいの台所、トイレ、風呂も完備されて、一人暮らしの私には贅沢過ぎるほどだ。タオルを持って近所に引越しの挨拶に回った。母子家庭と老人夫婦が多い。三十年間学校給食の仕事をしていたという本田さんの奥さんとは、同じ仕事をしていた者同士で話が合い、すぐに友達になれた。

山田の老人会へ入会し、ゲートボールも続けることにした。女性ばかり八人のメンバーである。

町営住宅に入居できて心から感謝している私は、何か町のためになることをしたいと思い、ボランティア活動を思い立った。役場に出向いてその旨を相談すると、〝ほほえみのリサイクル〟を紹介してくれた。

毎週木曜日十時からお昼まで、廃棄された古い衣類を仕分けし、まだ充分着られる物はバザーに出し、残りはハサミで切って雑巾を作る。年五回バザーを開き、福祉のために年間百万円の寄付をしている。

私は一番年長だったが、現役で働いていた頃は若い人たちと一緒に仕事をしていたので、四十代中心の主婦たちの仲間にもすんなりと入ることができた。「イトちゃん、イトちゃん」と呼んで優しくしてくれる。

●若い頃からの夢、ダンスを習い始める

平成三年二月、公民館のダンスサークル〝リバース〟に入会し、ダンスを習い始める。三十年間ずっと憧れていた夢が六十七歳にしてついに叶った。指導してくださるのは柳生先生ご夫妻である。

私より十歳年上のハマちゃん（女性）とは本田さんの紹介で友達になった。ゲートボールの日は私が家まで迎えに行く。村の小高い所にある天神さんの境内をコートに使っていた。ハマちゃんと私は天神さんに着くと落ち葉を集め綺麗に掃除をしてコートを作った。

このチームは皆とても上手で、私も参加することができた箱根の仙石原の試合では、六戦五勝で総合優勝を成し遂げた。生まれて初めて金メダルというものを手にした私は、うれしくて躍り上がって喜んだ。

そのハマちゃんが胃癌で入院した。病院に見舞いに行き「ハマチャン、具合はどう」と声をかけるとじっと私の顔を見て「お前さんは誰だい」と言う。

「私よハマチャン、よく見て、加藤よ」

「あぁお前か、悪かったたな、やっと分かった。もう駄目だよ、いつかあの世で集まってゲートボールしような、先に行って待ってるよ」

「何を言ってるの、そんな情けないこと言うともう来ないよ」

ハマちゃんは三回入院を繰り返した。三回目に見舞いに行くと鼻や口から管が入れられ、目の中が黄色く濁っている。「ハマチャン」とそっと呼ぶと、目をかっと見開き私を見て「お前か、もう駄目だ駄目だ、後頼むぞ」と、やっとそれだけ言ってまた目を閉じた。二日後ハマチャンの死を本田さんが知らせてくれた。

●大連高等女学校の五十周年同窓会に出席

平成三年五月二十二日、卒業した大連高等女学校の五十周年の同窓会が大連で開催されることになった。昭和二十二年の引き揚げ以来、初めて大連に行くことになった。

約半世紀の時を経て再び訪れた大連の町は、市役所やヤマトホテルが昔のままの姿で建っており、心は一足飛びに少女時代に戻ってしまう。表通りは近代化され立派に変貌しているが、裏通りには昔のままの面影がいまだ残っていた。

私の住んでいた連鎖街はすっかり変わって汚らしくなってしまっていた。なんだか悲しくなる。同窓会の当日はあいにくの雨だったが、きらびやかな高足踊りも披露されて懐かしさで胸がいっぱいになる。五十年振りの同窓会ということで、テレビなどのマスコミが取材に来ていた。

終了後、同窓生の平野さんと北京を訪れた。万里の長城は大変な混雑だったが、百聞は一見にしかずで、写真などとは比べものにならないスケールの大きさに圧倒された。途方もない年月をかけて山の上を走る長城を築いた歴代皇帝の権力の大きさが、この建造物を見ていると実感される。

海鮮料理を食べに行った店で、大連の勝又洋服店で一緒に働いていた人の息子さん夫妻と偶然にも同席になった。日本に帰ったら勝又が主催するアカシア会の集まりに参加するよう勧めてくれた。

山田の了儀寺に墓地を購入した。川崎の津田山の共同墓地から夫の遺骨を引き上げて、了儀寺に預ける。石屋さんにありったけのお金六十八万円を渡し、この予算の範囲内でできるだけ立派なお墓を建ててくださいとお願いした。

平成三年八月十六日、義妹トミ子、私の兄、子ども、孫など総勢二十人以上が出席して亡夫謙治の十三回忌の法要を行う。

●軽い脳梗塞で倒れる

平成四年が明け、一月五日には老人会の旅行で千葉の成田山へ初詣に出かけ、二月には公民館で開かれた老人大学のファッションショーのモデルとなり、三月にはゲートボールの運営委員を引き受ける。

ゲートボールの役員会で顔見知りとなった男性Yさんは、パンフレットを届けてくれたり、家まで送ってくれたり、何かと親切にしてくれる。

この頃にはすっかりこの地に足がついて、もう何十年も暮らしているような居心地の良さの中で、多くの友人たちと共にいろいろな会やサークル、各種のイベントなどにも積極的に参加し、充実した日々を過ごしていた。

十月、町民大会のゲートボールリレーに出場し、終わって自分の席に戻ろうとしたら転んでしまった。男の人が起こしてくれたが、少し歩くとまた転んでしまう。変だ、身体がいうことをきかない。

「救急車を呼びましょうか」と言われるが、頭はしっかりしているので、大丈夫ですと断る。やっと席に戻り椅子に座るが、上半身が崩れ落ちて座ってもいられない。お茶を飲もうとしても口に運ぶ前にだらだらとこぼしてしまう。

どうしたのだろうか。皆が心配してくれるが、一人で家まで歩いて帰った。翌日かかり付けの佐藤医院で診察してもらうと血圧が二百もある。

総合病院で詳しく診てもらうように言われ、十四日に検査すると血圧は百十と六十六で正常に戻っていた。採血と尿の採取を行いCTスキャンをした結果、頭の左側に小さな糸屑のようなものがあり、血管が詰まっていて軽い脳梗塞と診断された。

いくら元気でもやはり若い時とは違う。健康が一番だ。これからは自分の体にもっと注意を向けていかなければ。ありがたいことにゲートボールもマラソンも禁止にはならなかった。

●ゲートボール審判三級試験に合格

平成五年を迎えた。五日の日には幼友達の八重ちゃんと一緒に杉並の民ちゃんの家に一晩泊まりでお年始に伺った。お年始のつもりがいつのまにか新年会に変わり、はしゃぎ通しで少女時代に戻ったようだった。幼友達はいいものだ。遠慮もなくお互いに勝手なことを言っては大笑いできる。お正月から楽しい時間が過ごせて幸せだった。

八重ちゃんと民ちゃんとはお互いに泊まりに行ったり来たり、遊びに出かけたり旅行したりと、青春ならぬ老春を大いに謳歌している。九月には八重ちゃんと北海道に行き、層雲峡、知床、摩周湖をめぐる二泊三日の旅を楽しんだ。

老人会の人たち、ゲートボールの仲間、気心の知れた幼友達、近所の人たち、そしてもちろん娘たち。家族やたくさんの友人に恵まれて過ごすことができる日々に感謝。

だが、楽しいことばかりではない。この年の七月二日には大連高女以来の親友、笑みちゃんが亡くなった。新橋の小料理屋をやめてから一人暮らしをしていた。亡くなってから一週間も気づかれないままだったと聞き、あまりに可哀相で言葉も出なかった。心からご冥福を祈る。

笑われるほど下手だったゲートボールも、皆の熱心な指導で少しずつ上達して、チームに多少は貢献することもある。相和地区の大会ではダブルタッチで三点獲得して、銀メダルを取った。

七月、私は神奈川県のゲートボール審判三級の試験を受けて合格した。下山田チームには審判がいないので、試合のたびに他のチームにお願いしなければならない。都合がつかず断られる場合もある。それならば私が資格を取ろうと思ったのだ。無事合格できて、これからはいつでも試合ができる。

●好奇心を持ってワープロに挑戦

好奇心とチャレンジ精神の人一倍強い私が、新たに興味を持ったのがワープロである。文章を書く時に漢和辞典を引くが、字が小さくて見づらい。ワープロだと読みを打てば漢字が出てくるので便利だと教えられ、これは何としてもマスターしたいと十二月も押し詰まってきた頃、公民館の講習会に出かけた。

一人一台ずつ機械を貸してくれた。アルファベットやひらがな、記号などがズラッと並んだワープロを目の前にして、果たして本当に打てるようになるのか不安になる。数時間の講習では何が何やらさっぱり分からない。こうなったら早く機械を買って、必死に勉強するしかない。

二十万円のNEC文豪ミニという機種を十五万円に負けてもらい購入した。ワープロが家に届くとさっそく本を見ながら練習に取りかかるが、なかなか思うように進まない。以来暇をみては本と首っ引きで練習に励む。

世の中の流れに合わせて買ってはみたものの、上達の方法は日々の練習の積み重ねしかなく、根気が続かず放り出して埃をかぶっているという人の話も聞いた。私は十五万円を無駄にすることはできない。

練習をしていて分からなくなると、横浜のNECのサービスセンターに電話をして教えてもらう。女性の人が丁寧に説明して教えてくれる。一日に三回も電話することもある。受ける係りの人はいい加減うんざりしてうるさいだろうが、私はどうしても打てるようになりたいのだ。

●平成六年、七十歳を迎えてますます元気

平成六年一月一日、娘道子と亡夫の実家がある秋田に行くことにした。まだ夜も明けないうちにタクシーで国府津まで行き、JRで東京駅へ。六時発の〝やまびこ〟に乗る。盛岡で乗り換え刈和野《かりわの》に着くと、駅に実家の甥の二郎が迎えに来ていた。

私が行くことを話していなかったので、道子の後ろにいた私に驚いて「母さん（年上の人のことは母さんと呼んでいた）も来てくれたのか」と喜んでくれた。現在実家は二郎と嫁の二人暮らしで、静かというより少し淋しい気がした。

引き揚げでお世話になっていた時は、なんといっても十五人の大所帯だったのだ。仏壇の義父母に手を合わせ、些少だがご仏前を供えさせてもらう。強首《こわくび》（秋田県仙北郡）の義姉にも会うことができた。

夫はすでにいなくても秋田は私にとって忘れようにも忘れることのできないところである。娘たちにとっては故郷である。亡夫の縁続きの人々が今も親切に迎えてくれることをありがたいと思う。

平成六年六月一日、私は七十歳の誕生日を迎えた。七十年という年月はあっという間のようでもあり、大連の生活、結婚、引き揚げ、秋田の暮らし、娘や息子のことなど、ひとつひとつ思い返してみれば、いろいろなことがあり過ぎてずいぶん長い年月だったような気もする。

この七十年という月日の積み重ねが現在の私を作り、これからの私の生きる土台となる。まだまだやりたいことがたくさんある。母親としてもまだ引退はできないし、女性としても素敵な男性と楽しくおしゃべりしたり、旅行に行ったりもしてみたい。

ワープロで自由に文章が書けるようになりたいし、ダンスももっと優雅に上手に踊りたい。心から願っていれば必ず叶う。花の七十歳代には希望と目標がたくさんあって忙しい。加藤イト子はますます元気だ。

●なかなか枯れない老人たち

平成七年三月二十日、地下鉄サリン事件が世間を震撼させる。毎日のようにオウム真理教のニュースが流れる。物騒な世の中である。

ゲートボール仲間の柳川トメさんが四月二十三日急死した。元気いっぱい八十歳のトメさんはカラオケが大好きだった。二度と一緒に練習できないし、試合にも出かけられない。

昨年、山北（神奈川県足柄上郡）の中川温泉で開かれた相和地区ゲートボール大会では、我が下山田チームは全勝優勝を成し遂げている。皆で盛り上がり、ますます結束強く楽しいチームにしていこうと張り切っていたのに、一足お先にとばかり逝ってしまった。今ごろトメさんは遠い空に広がる雲のコートの上でゲートボールをしているかもしれない。

私は七十歳であるから、世間的には充分老人といわれても仕方ない。けれども決して無理して若ぶるつもりはないが、なんだか老人といわれると急に足腰も弱って一気に老け込んだような気分になってしまう。

老人の老という字が〝老いる〟に結びついて、意欲も失い生気もなく干からびてしまった印象である。誰でも老人になれば分かると思うが、年を取ってもそんな簡単には干からびたり枯れたりしない。

そんなわけで〝下山田老人クラブ〟という名前を変更することになり、全員で新しい名称を考え〝友楽会〟と決定した。名付け親は柳川勝元さん。〝友と楽しむ〟とは何と洒落た名前ではないだろうか。

九月に箱根で行われたゲートボール大会の宴会の席で、他のチームのおじいさんがお銚子を片手に私の側にやってきた。

「あんた、なかなか別嬪さんだね。年は幾つだね、六十ぐらいかね」

「ありがとう、七十歳を過ぎましたよ」

「いやぁー、そんな年には見えないよ、若いねー。俺の婆さんは七年前に死んでしまって、今は独り者だ。あんた旦那さんは？」

「十七年前に遠い所へ行きました」

「そりゃちょうどいいや、一緒にならないかね」

酔ったおじいさんに口説かれている私を、仲間たちが周りでニヤニヤしながら面白がっている。翌朝「あのおじいさん、どうなったの」と皆にからかわれる。

老人になってもなかなか枯れないのだ。

●生まれて初めてのハワイ旅行で泳ぐ

平成八年の春三月、八重ちゃん、平野さん、私の三人はハワイに行くことになった。

昨年十月に学生時代の友達と旅行した草津の宿で、皆でフラダンスを踊って大いに盛り上がり、気分だけはすっかりハワイに行ったつもりになったが、今度は本当のハワイ旅行だ。南国の太陽ときらきら輝く海に思いを巡らせ心が弾む。八時間あまりの飛行機の中では機内食を楽しんだり、映画を見たりして疲れることもなくホノルルへ到着した。私は水着を持参して行ったのでさっそくワイキキの海で泳ぐことにした。八重ちゃんたちも水着を着たくなり、ホテルのショップでお揃いの水着を買う。

バス代一ドルでどこへでも行けるので、パンフレットや旅行案内書を頼りにあちこちと出かけてみた。有名なアラモアナショッピングセンターや免税店ではお土産を物色する。初めてなのでなにもかもが珍しく、現実を忘れて夢のように時間が過ぎていく。ハワイはまさに常夏の楽園である。

最終日の前日、点検のためホテルの電気が一時間ストップした。そのことをすっかり忘れてしまい、時計が一時間遅れたままになっていることに気づかず、帰る日の朝、ワイキキビーチにのんびり散歩に出かけた。七時半集合の予定だったが、この時、時計は六時を指していたので、まだ一時間半余裕があると思い込んでいたのだ。

ビーチには日本人のお年寄りが五人ほどゆったりとくつろいで話をしていた。てっきりツアーの人たちだと思い込み「どちらからいらしたのですか？」と話しかけた。

「私たちはハワイに住んでいるんですよ」

「まぁそうですか。私は今朝七時半で日本に帰るんです」

その時一人の婦人が腕時計をチラッと見るや、「あなた、もう七時十五分ですよ。早く行かないと」と慌てたように告げた。びっくりして挨拶もそこそこに走った走った走った。

滑り込むようにホテルに駆け込み、十六階までエレベーターの中で足踏みし、荷物を取って一目散にフロントに向かい、会計を済ませてようやく玄関へ到着すると、バスが待っていた。

添乗員の人に「加藤さん置いて帰ろうかと思ってましたよ」と脅かされる。ああ忙しかった。ホッとして座席に座り込み、やれやれと安心すると同時にどっと疲れが出てきた。

夜七時、一週間ぶりに上大井に帰ってくると、本田さんのご主人が車で迎えに来てくれた。シートの上に何か小さな荷物がのっている。

「あんたがお腹空かせて帰ってくるだろうから夕食に食べてくれって、女房が持たせたんだ」

中には炊きたての赤飯と漬物が入っていた。優しい心がありがたくてお礼の言葉もない。日本に帰ってきて大切な友達が身近にいてくれるうれしさをしみじみ感じる。

●ゲートボールの仲間Yさんに急接近

ある日、道子が籠を抱えてやってきた。何とその中には真っ白な猫がちょこんと座っている。「一人でも淋しくないように猫を飼ってみたらと思って」と親切に言ってくれる。ヒマラヤンとペルシャの血が半分ずつ混じっているという。

だが、あいにく私は猫が苦手なのだ。そんな私を見抜いたのか猫は嫌がって暴れる。せっかくの道子の気持ちを無にはできないので、紐をつけて庭に下ろしたらバァーッと逃げて行ってしまった。

二日目の夜、庭で猫の鳴き声がする。そっと見るとこちらの様子をうかがっている。お腹が空いているだろうと思い、ご飯とハムをのせた皿を部屋の中に置くと、スルリと入ってきて夢中で食べ、少し慣れたのか私に擦り寄る。

風呂の湯で顔や体を拭いてやった。ブルーの目がとても愛らしい。リリーと名前をつけたこの白い猫は、その夜から私の家の猫になった。

友楽会のゲートボールで伊勢原の天野屋に行く。宴会でYさんと一緒に何回も歌った。少し酔ったYさんは私の肩に手を回して歌う。翌日雨で試合は中止になり、夜、私たちの部屋に遊びに来たYさんは、最近亡くなられた奥さんの話を始めた。

余命三か月と宣告され、家族で相談の結果自宅に引き取ることを決め、亡くなるまでYさんが看護したという。Yさんはその時のことを思い出して涙ぐんでいた。私も気の毒に思ったが、十時になっても自分の部屋に戻ろうとしないので、「もう寝るから帰って」と言ってしまった。

仲間のナツちゃんに「あんな言い方をしてはいけないよ」とたしなめられた。Yさんはきっととても淋しかったのだろう。私たちと一緒にいたかったのだ。それなのに自分が眠たくなったからといって冷たく追い返した私は、自分中心で思いやりに欠けたわがままな人間だと深く反省した。

二日後、Yさんから役員会の連絡の電話があった。「何度電話してもいないね。どこに浮気に行ってるんだい」とからかう。「変なこと言わないで。今日はゲートボールの日なのよ」とつっけんどんに答える。どうも可愛らしく素直な応対ができない。

Yさんから遊びに来たそうな口ぶりの電話があっても、なぜかおいでよとは言えなかった。

ある日、ゲートボールの練習日に天神さんのコートにYさんが来た。人数が足りなかったので皆大歓迎だ。終わって帰る時、Yさんに「暇な時遊びに来れば」と言ってしまった。Yさんがどんな人か交際してみないと分からないが、友達になりたいと思い始めていたのだ。

四日後の午後一時半頃、Yさんが初めて家に遊びに来た。ゲートボールの話をしたり、アルバムを見たりして四時ごろに帰った。

●一生に一度の富士登山に挑戦

八月、秦野の若木幼稚園の園長先生が、毎年園児を引率して富士登山をしている話をテレビで見た。私は以前から一生に一度は富士山に登ってみたいと思っていた。子どもが登れるのなら私だって登れる、そう考えてさっそく園長先生にお願いに伺った。

　リサイクル仲間の瀬戸さんも一緒に行きたいという。瀬戸さんも七十歳近い年齢である。年取った二人の女性を連れて行くのは考えただけでも大変なことなのに、先生は快く承知してくださった。さっそく登山靴とリュックサックを買う。

　九月五日、松田文化会館前で園長先生と待ち合わせ、富士山の五合目まで先生の車で一気に登る。いよいよそこから富士登山が始まるのだ。神社にお参りして無事を祈った。

　先生のご忠告により軽い体操をしてから歩き出す。亀のようにゆっくり歩きなさいと言われる。六合目の小屋で昼食を取り、また亀になってだらだらと続く登り道をゆっくりゆっくりと頂上を目指して歩く。七合目付近にくると大きな岩がゴロゴロしている。

「先生ここを登るんですか」

「そうです、頑張ってください」

　なるべく低い岩を探して右に行ったり左に行ったりするうち、胸がムカムカして気分が悪くなってしまう。先生が「高山病の症状が出たのでしょう。空気が薄くなってきたのでたいていの人がこの辺でやられます。頭が痛くないですか。動悸はしますか」と心配してくれる。

気持ちは悪いが頭痛も動悸もない。なんとか頑張って四時前に今夜の宿である八合目の東洋館に到着した。やれやれ、ホッとして少し元気が出る。

疲れ切った身体の隅々に熱いお茶が染みわたり、疲れが癒されるようだ。やはり想像していたより相当きつかった。

夕食は大きなハンバーグと味噌汁、漬物。全部食べきれないので近くの若い人に食べてもらう。九時の消灯時間まで先生がいろいろな話をしてくださる。水がないので歯も磨かず顔も洗わないまま布団に入る。山の生活は下界とは違うのだ。三千メートルの山の上では水の一滴も貴重品である。

夜中の二時にトイレに起きる。大きくて深い。下を見ると恐い。外に出ると雲の合間に切れるような三日月が輝いていた。四時半、「晴れてるよ、ご来光が拝めるよ」と瀬戸さんを起こす。

先生も五時近くになって目を覚ました。泊まり客全員が宿の前でご来光を待っている。五時二十分、黒い雲の間から少しずつ真っ赤な太陽が顔を出して昇ってきた。皆写真を撮っている。富士山でご来光を拝むことができた幸運に感謝したい。

●「やったー」、ついに富士山頂に立つ

六時に朝食を済ませ、山頂に向け出発した。宿を出るとまた岩登りである。さすがにお転婆で負けん気の強い私も十歩登っては休み、ゴロンと横になる。太ももが痛くて足が前に進まない。胸がムカムカする。杖を持っている手が黄色くなって血の気がない。

「加藤さん、苦しいのなら中止してもいいんですよ。無理をしないように」と先生が心配する。

「先生ご迷惑かけますけど、もう少し頑張ります。連れて行ってください。お願いします」

先を歩く若い人たちが「すごいね、おばさん頑張って」と励ましの声をかけてくれる。先生が私のリュックを背負ってくれる。這うようにして一歩一歩足を持ち上げながら登っていくと、やがて山頂の白い鳥居が見えてきた。

石段に腰掛けていた若者の「おばさん、もう少しだ。頑張れ」と言う声に勇気づけられて、四つん這いになりながら石段を登りきって鳥居を潜る。私はついに富士山頂に立った。やったーっと大声で叫びたい。先生と一緒でなかったら登ることなどできなかった。

「先生、本当にありがとうございました」

「加藤さん、根性がありますね。よく頑張りました」

先生も自分のことのように喜んでくださる。人に助けられ支えられながら、またひとつ夢を実現することができた。

途中は景色など眺めるゆとりはまったくなく、ただひたすら足元を見ながら、もう駄目か、もう止めようかと投げ出してしまいたい気持ちと闘いながら足を運ぶだけで精一杯だった。

山頂で腰を下ろして一息つくと、やっと周囲を見渡す元気が出てきた。今私は日本で一番高い所にいる。自分の足でたどり着くことができたのだ。しばらくは言葉もなく感慨に浸っていた。

帰りは楽かと思ったらこれが大間違い。深い砂に足をとられては尻餅をついて転んでばかりいる。先生のリュックの紐につかまりながら、おっかなびっくり下っていく。また先生のお世話になってしまう。

午後五時半、やっと五合目に帰ってきた。膝が笑ってがくがくになっている。やはり三千メートルは登るにしても下るにしても容易ではない。

それにしても驚異的なのは瀬戸さんだ。精神も肉体も強い。私が這いつくばってヒイヒイ言っている時でも泣き言ひとつもらさず、黙々と頑張っていた。心から尊敬してしまう。

こうして私の富士登山は無事終わった。少しばかり無謀な挑戦だったかもしれないが、助けてもらいながらも、やろうと思えばやれるんだという達成感に満たされていた。

思えば私の人生は挑戦の連続であった。この世に生を受けてから仕事を辞めるまでの六十五年間。無邪気に遊びまわっていた幼い日々を過ぎ、人生の厳しい荒波の中で溺れかけながらも必死でたどり着いた穏やかな浜辺。この長い人生の軌跡をここで振り返ってみたい。

第2章　少女から乙女へ疾走する

「希望の大地を踏みしめて（〇歳〜二十二歳）」

●兄と没頭した箱庭造りの想い出

私は大正十三年六月一日、父勝馬、母ユウの長女として大分県別府市大字鶴見柿の木に生まれた。母は三十歳であった。未熟児で生まれた私はとうてい育たないと言われ、十日以上名前がつけられなかった。

出産祝いを兼ねて心配して来てくれた叔母の夫が「姉さん、赤ん坊は動いとるぞ、この調子なら大丈夫だ」と役場に届けてくれた。曾祖母の名前からイトを貰って「イト子」と命名される。

家族は両親のほかに祖父弥吉、祖母エイと四歳上の長男国男がいた。幼い時は祖父に可愛がられ、春になると観海寺や石垣の吉原神社に花見に連れて行ってくれた。夏には北浜海岸が近いので毎日遊びに行った。

母から貰った一銭の小遣いを大事に持って駄菓子屋に寄り、煎ったそら豆を買う。泳ぐ時は自分で縫った袋に豆を入れて腰の紐にぶら下げ、疲れると袋から豆を出して食べる。私と一緒に海で泳いだそら豆はふやけて塩の味がした。

七夕が近づくと、祖父が長い竹竿を玄関先に立ててくれる。兄と二人で願い事を書いた短冊を竹に吊るし、祖父に教わりながら箱庭作りに精を出す。海岸まで何度も往復して砂を取りに行き、板で四角く囲いを作り、その中に砂を入れる。川や地獄に見たてた石を積み上げて、隙間の穴に火をつけた線香を置くと、石の間から煙が昇って本当に地獄のように見えた。砂を盛った山に小枝を差し、川には砂利を敷き、釣り人や魚を並べて赤い橋も架けた。

私より三歳年上のふさちゃんと初ちゃんとは大の仲良しで、いつも三人でよく遊んでいた。初ちゃんのお父さんはリヤカーに日用雑貨を積んで行商をしている。「タワシー、タワシーはいらんかなー」と大きな売り声をかけながら、よいしょ、よいしょとリヤカーを引いて歩く。

お母さんと身体の弱い兄さんと一緒に割り箸の内職をしていた初ちゃんは、白い長い紙でくるくると箸を巻き、出来上がった箸が箱一杯になると、大きな風呂敷包みを背負って浜脇にある店まで届ける。遠い道のりだったが私はいつも一緒についていった。初ちゃんは帰りに菓子屋でかりんとうを五銭買って私に分けてくれた。

●幼稚園から小学校へ

昭和四年四月、私は別府市の北幼稚園に入園した。制服は赤いモスリン（薄地の毛織物）の元禄袖の着物に黄色の三尺帯。白いエプロンには、名前が焼印された板の名札が組ごとに色の違う紐で下げてある。

私は松組で紐の色は緑色だった。担任は五十歳くらいで体格の良い女性の安部先生。月謝は五十銭だったという。

昭和五年四月、別府市野口小学校に入学。母は仕事で出かけなければならず、入学式には祖父が付き添ってくれた。式を終えて帰る時、祖父は校庭に並んだ店で花の刺繍が付いている赤いビロードの肩から下げる鞄を買ってくれた。

小学校では刈り上げ頭の小柄な可愛い幸っちゃんとすぐ仲良しになった。お父さんは別府市場で仲買人をしている。よく二人で市場に遊びに行くと、大きなかすれ声で「さぁ買った、買った」と叫んでいた。そしてバナナの切り落としを新聞紙に包んで二人にくれたものだ。

ある日、友達と幸っちゃんの家に遊びに行き、大きなテーブルの周りをぐるぐる回りながら鬼ごっこをして遊んでいたら、花瓶をひっくり返してテーブルクロスの上に黄色い水がこぼれて染みになってしまった。

幸っちゃんのお母さんは「これは東京の三越から取り寄せた大切な物で、この辺では売っていません」と大変な剣幕である。人一倍活発な私が犯人の汚名をきせられ、母はその頃貴重品であった箱入りの白砂糖をうやうやしく抱えて謝りに出向いたのであった。

● 大好きであった祖母「ばばさーん」

「イト、イト」と可愛がってくれた父方の祖母、内成のばばさんが私は大好きだった。

結核を患って寝たきりだった父方のお伝叔母をばばさんと母が見舞いに行くというので、私も一緒に連れて行ってくれとせがんだ。「ばばさん、うちも行くけん、学校から帰ってくるまで待っちょってな」と何度も念を押し、飛んで帰ってくると、二人とももう出かけてしまっていた。

私は悲しいやら悔しいやらで「ばばさんの嘘つき」と泣きながら家から飛び出し、墓地を抜けて大きな杉木立の道を一目散に走った。

競馬場の高い石垣に沿って走っている時、足を折った競走馬が大八車の上に括られて出刃包丁で心臓を突かれて殺された時の光景を思い出した。右手の低い松林ではよく首吊りがあると祖父が話していた。なるべく松林を見ないようにしながらひたすら走った。

大きな石がごろごろしている水の涸れた河原を渡ると、叔母の家のある鶴見はもう間近だ。

「ばばさーん」と大声で呼んだ。日当たりの良い座敷の障子が開いて母が顔を出し、「まぁ、この子は！」と呆れたように私を見つめる。母は結核がうつることを心配して私を置いてきたのである。ばばさんは「イト、お前一人で来たんか」と感心したように言う。「うん、うちな一人だよ」

長い間病気で苦しんでいるのに、色が白くふっくらとしたお伝叔母は「イトか、大きくなったなぁ」と懐かしそうに目を細めて喜び、枕もとの煎《い》ったアラレを紙に包んで渡してくれた。

あれほど約束したのに置いてきぼりにされ、「ばばさんの嘘つき！」と怒りながら必死で走ってきたこともすっかり忘れ、「家に帰ってから食べるんで」と言う母の言葉にも生返事でアラレをポリポリと齧《かじ》りながら、家に着く頃にはすっかりなくなってしまった。

●新しい畳の匂いとお正月

小学校の時から私は走るのが好きであった。二年生の時からはリレーの選手になった。運動会では白いシャツとブルマー、白の足袋に真っ赤な鉢巻を締めて、我ながら颯爽と格好よく活躍したのを思い出す。

運動会が終わると全校生徒が大きな輪になり全員で踊った。

「紅やの娘の言うことにゃ、春のお月さん薄曇り、サイサイ薄曇り」

別府の駅前通りに大成館という映画館があり、子どもの入場料は五銭であった。時々父について行った別府の草競馬で、馬券が当たると父に五銭をねだり、一人で映画を見に行った。スクリーンの下に空間があり、中で三、四人の楽士がバイオリンや笛を奏で、舞台の左手には提灯の付いた台が置いてあり、髭を生やした弁士が台本を読む。

登場人物だけが口をぱくぱくさせて弁士の語りと合っていないこともあり、子ども心にも変だなと感じた。それでも映画館の暗い客席でスクリーンに見入っていた心のときめきは、今でも心の中に残っている。

昭和七年、小学校三年生の時、学校正門前の榊原文房具店の裏の空地に、父母が二階建ての家を三軒新築した。表通りの二棟を家賃十二円の貸家にした。当時米が一俵十二円だった。新しい家にはいつも友達がたくさん遊びに来た。

暮れになると祖父は一人で畳の表替えをする。家中に青々とした草の香りが満ちて、新しい畳の匂いはお正月が近いことを告げるものであった。

青年団の人たちの手伝いで餅つきも始まる。ついた餅は丸餅、あんこ餅、お供え餅、のし餅などにして玄関脇の小さな部屋に作られた棚に何段にも並べる。

たくさんのお歳暮の中には私の赤い塗り下駄もあり、お正月まで大切に床の間に飾られていた。私は祖父の買ってくれた赤い鼻緒の付いた白い桐のぽっくりが好きだった。塗り下駄が三十銭で、ぽっくりは八十銭もした。

新年初めに学校へ行く時には、母が着物を着せてくれる。新しい下着と白足袋、松竹梅に鶴の模様の紋付、海老茶の袴をはくと、まるでお姫様にでもなったような気分で、普段は活発な私もこの日ばかりは少しおしとやかになった。

このように一人娘の私は家族の皆に可愛がられ伸び伸びと育っていったが、わがままも相当なもので言い出したらてこでも動かない子どもだったという。

●家族全員で満州に渡る

母は兄を南満州鉄道会社に入れるため、高等小学校一年の時、満州（現中国東北部）の叔母に預けた。当時叔父は大連の機関区で働いていて兄も大連にいた。ところが叔父がハルピンに転勤になったため、兄一人を大連に残すわけにもいかず、結局家族全員で満州に渡ることになった。

昭和十年五月、別府の野口小学校から大連市沙河口大正小学校に転校する。同じクラスに小学生ながら二十歳くらいの許さんという名前の中国人女生徒がいて、私はすぐ友達になった。夏休みに郊外の許さんの家に遊びに行った。石垣に囲まれた大きなお屋敷の門を入ると、正面に大きな石の衝立があり、その向こうに庭が広がっている。家の入口がいくつもある。

六畳ほどの許さんの部屋は、天井も壁も花鳥の絵が描かれた鏡が張られている。ベッドの赤い繻子の布団と枕には細かい刺繍が施されている。見たこともない美しい部屋に目を見張り、ただ驚くばかりであった。

市会議員をしている許さんのお父さんは裕福な町の有力者なのであろう。

「なんてきれいなお部屋かしら」と私がため息交じりに言うと「ありがとう、中国の娘はお嫁に行く時には自分で刺繍した枕カバーをたくさん持っていくのよ」と話してくれた。


ある日のこと、朝早く散歩に出かけた祖母は帰り道が分からなくなってしまった。学校に行くため玄関を出ると、隣の家との間にある狭い路地に祖母がしょんぼり立っている。「ばばさん、どうしたの」と声を掛けると「あぁイトか、家が分からんで困ちょった」と情けなさそうな顔をしている。

出歩くのが好きなばばさんは、たびたび道に迷い、その都度母をわずらわせていた。警察に保護されることもあって、母が迎えに行くと心細さでオイオイ泣いていたそうだ。この頃からばばさんは少しずつ呆けるようになった。

●大連高等女学校で青春を謳歌

昭和十年十月、父が連鎖街事務所に勤めることになり、私たちは連鎖街に引っ越した。

昭和十一年四月、「清く正しく美しく」をモットーとする大連高等女学校に入学。校長は津田元徳先生。

以前から私は「イト子」という自分の名前がなんだか恥ずかしくて嫌いだった。一年の受持ちの先生が「イト子という名前には〝大変〟という意味があります。大変良い人になってくださいね」と教えてくれてからは、自分の名前が少し好きになった。

昭和十二年三月、祖父弥吉が老衰のため亡くなる。七十二歳であった。医者は「めでたい、めでたい」と言ってくれた。当時としては長寿で大往生というべきなのだろう。同い年の祖母エイもひと月もたたないうちに、まるで後を追うように亡くなる。生前から仲の良い夫婦であったが、死ぬ時期まで揃えて幸せな最期だったと思う。

昭和十三年の夏休み、全校生徒で夏家河子《カガカシ》の臨海学校に出かけた。車中些細なことでクラスの友達と喧嘩になり、当然私の味方になってくれると信じていた親友が、相手側に付いてしまった。

裏切られた悔しさと淋しさで一人でポツンとお昼の弁当を食べていると、近くにいた八重子ちゃんと宣江ちゃんが「イトちゃん、こっちにおいでよ、一緒に食べよう」と声を掛けてくれた。それ以来七十七歳の今日まで、良いことも悪いことも、楽しいことも悲しいことも共有して、私たち三人はずっと親友として一緒なのだ。

八月の夏休みには八重ちゃん、宣ちゃん、私の三人組は、ニックネームをベアー、レット、ハル、チビという大連中学の男子生徒四人と一緒に夏家河子にキャンプに出かけた。男子用、女子用の二つのテントを設置し、夜には一つのテントに集まってトランプをしたり歌ったり楽しい思い出をたくさん作った。

だが、夏休みも終わり授業が始まると、受持ちの大平先生が「夏休みに夏家河子で男子中学生とキャンプをした人がいるらしい。まさかこのクラスにそんな人はいませんよね」と皆を見渡しながら言う。私は体中からスーッと血の気が引いていくようで、もう卒業できないと思った。

結局私たち三人は何のお咎めもなく無事卒業することができたが、男子のほうは大変な罰を受けたそうだ。今思い出しても申し訳ない気持ちで一杯だ。

何不自由ない学生生活の中で、当時としてはけっこう不良娘だったかもしれない三人組の私たちは、大いに遊び回りあれこれと青春を謳歌して、昭和十六年三月十六日大連高等女学校を卒業した。

●人に注意されるのが嫌で職を転々

昭和十六年四月、関東電信電話株式会社に就職する。一か月間の英語による電話託送の講習を終え、初めて受話器の前に腰掛けていよいよ本格的に仕事がスタートする。そばには先輩が付いて指導してくれる。

ベルが鳴り受話器を取るが、講習で練習したようには上手くいかずまごまごしていると、受話器の向こう側から「貴様、新米だな、他の者に代われ」と烈火の如き怒鳴り声が響く。軍隊からの電話らしい。

あまりの恐ろしさに一日限りで次の日から会社を辞めてしまった。今考えると何と情けなくだらしないことかと我ながらおかしくなってしまう。

たった一日で逃げ出すように会社を辞めてしまった私は、父の顔見知りの勝又洋服店に勤めることになった。この店は男服の専門店として大連では一流であり、内地から来る偉い人を得意先としていた。

ある日、私を見つけた顔見知りの中学生が四人店の中に入ってきて、ソファーにふんぞり返るように座り大声で話を始めた。私はハラハラと気が気ではない。彼らが帰ってから支配人に呼び出され、きつい注意を受けた。「ここはお客さまの来る店です。お友達の来る所ではありません」と。

もっともなことだが、わがままな上に人に注意されるのが大嫌いときている私は素直に謝ることができず、三か月にしてこの店も辞めた。

八月に満鉄社員の募集があった。大連駅の二階の試験場には百人以上の入社志望者が集まり、とても無理だと思っていたら運良く合格し、奉天総局のタイピスト見習として入社が決まった。初めて親元を離れる娘に母は涙をこぼし、新しい布団を作ってくれた。

入社して一か月の寮生活の間に、小遣いが足りなくて給料日までに三回も送金を頼んだため、「もう帰ってきなさい」と母は怒った。私も実のところタイプが嫌いで、この会社で長く仕事をする気持ちにはなれなかったため、これ幸いと奉天を逃げ出した。

次に勤めたのは大連市役所の社会課である。私より少し年長の土木課の後藤政子さんと仲良くなる。

社会課に大学浪人の人がいて、私は彼から手紙を貰った。いわゆるラブレターである。便箋十枚にびっしりと書かれていたが、〝カルピスの味です〟という部分だけをはっきり覚えている。

●ハルピン駅小荷物係の青年との初恋

市役所勤めも長くは続かず、再び満鉄に入社しようと、履歴書を持ってハルピン鉄道局へ出向いた。タイプが嫌いで一か月足らずで奉天の満鉄からさっさと逃げ帰ったのは、つい昨年のことではなかったか。まったく自分でもあきれてしまう。

「算盤ができるのなら会計に来てもらおう」と、その場で採用が決まった。

私はこの職場で初恋をした。相手はハルピン駅小荷物係の人である。会社の同僚とあみだくじをして買った餡巻きを半分取っておいて、昼休みに局の裏で待ち合わせて彼にあげた。こんなささやかなことでも心がときめく清純な淡い初恋である。

日曜日に二人でモストワヤ街を歩いているところを、叔母の隣の家の人に見られ、さっそくご注進される。「明日から仕事に行くな。大連にすぐ帰れ」と叔父は怒り、「悪い虫が付いたら姉さんに申し訳がたたない。明日にでも大連に帰りなさい」と叔母はおろおろしながらも強い口調で言う。逆らうこともできず私は大連に帰らなければならなくなった。

明日は出発という前夜、彼に会って別れを告げた。一言も言わずに黙って去って行く後姿に、涙が後から後から溢れて止まらなかった。街灯の明かりが涙で幾重にも霞んで、ただ彼の姿が見えなくなるまで立ち尽くしているばかりであった。

大連に帰る朝、旅客課の同僚が何人か見送りに来てくれたが、彼の姿はなかった。汽車がガタンと動き出した。デッキに立って手を振る私の肩を誰かが叩き、振り向くと彼が立っていた。

驚いて茫然とする私をじっと見つめて「誰と結婚してもいい。でも俺のこと忘れないでいてほしい」と流れる涙を拭おうともせずに言うのだった。汽車がゆっくりホームを離れカーブに差し掛かる時、彼はさっと挙手の礼をして汽車から飛び降りた。大連に着くまで涙が止まらず、成す術もなく私の初恋は終わりを告げた。

満鉄の青年隊女子隊員として純化《スイカ》（地名）の航空隊を慰問した時、駅前で並んで点呼を受ける彼の姿を見つけた。長い袖の着物に紺の袴をはいた私に気づいた彼は、誰にも分からないように目で合図してくれた。

兵隊さんたちの前で私たちは力いっぱい歌った。格納庫の中に兵隊さんたちの拍手がいつまでも鳴り響いた。国のためとは分かっていても、その日が彼との本当の別れになってしまった。

●結婚した税務署員の夫は大酒飲みと判明

昭和十八年十月、大連に戻った私は日本生命大連支社に勤めることになった。戦争が激しくなりダンスホールのような享楽的な遊び場は閉鎖になり、世の中は刻一刻と騒然とした様相を帯びつつあった。元気な若者は全員兵隊として出て行くので、「イトさんのお婿さんになりそうな人は見当たらないね」と母は嘆いていた。

そんな私に叔父が見合いの話を持ってきた。お相手は大学を出て税務署に勤めている人で、秋田の農家の次男である。小柄だが元気の良い点を母はすっかり気に入り、「イトさん、この人以上の男性はいないよ」と盛んに言う。半年の交際期間中、ますます彼を気に入った母は、配給の魚を自分は食べないで彼に食べさせるほどであった。

昭和十九年十月十九日、秋田県仙北郡出身、横浜専門学校卒業、加藤謙治と結婚する。謙治二十四歳、イト子二十歳であった。お振袖姿と紋付袴姿の二人は写真を撮ってから、もんぺに着替えて大連神社にお参りに行った。後日、町内の人五十人ほどを招待して披露宴を催した。その大切な日になんと主人公の婿殿は酔って仕事先から帰ってきた。母がやっとのことで紋付袴を着せ終えると、いきなり床の間に上がって踊り出したのには周囲も唖然とするばかりであった。

とんでもない酒飲みであることが初めて判明し、父と母は大いに嘆くが時すでに遅しである。結婚生活の何たるかもよく分かっていない私は、漠然とした不安と少しの期待の中で、ただおとなしく座っているしかない。こうして私たちの結婚は初めから波瀾を含んでスタートしたのである。

昭和二十年四月、小村公園に近い紅葉町の官舎に引っ越した。夫は仕事が終わるとたびたび家に友達を連れて帰ってきた。酒盛りが始まり、何かつまみを出せと矢の催促である。二人で小魚一匹の配給しかない時に余分なつまみなど作れるはずもない。母に泣きつくこともしばしばであった。

昭和二十年八月十日、長女道子誕生。体重三千八百グラムの初孫を抱いた母は嬉しさで顔もゆるみっぱなしである。五十歳を過ぎた母にとって初めての孫である。「色が白くて器量良しじゃ」と何度も何度も言っては顔を覗き込んでいる。

八月十二日、夫に赤紙が来てしまった。産後三日目の私は何もしてあげることができず、夫の叔父の家ですべての支度をしてくれた。母に「道子を抱いてやっておくれ」と言われ、夫はぎこちない手つきで抱き上げてから、出征していった。

●終戦で新たな生きる勇気と希望が湧き上がる

八月十五日終戦を迎えたこの日に、私は道子を抱いて人力車で退院した。母が身の回りをいろいろ助けてくれる。お昼にラジオで玉音放送が流れる。天皇陛下の声がとぎれとぎれに聞こえてきた。

戦争は終わった。日本は負けたのだ。周りの人が泣き崩れているのに、私はなぜかホッとした気持ちであった。隣組長の奥さんが「いざという時は日本人らしく潔く自決してください」と青酸カリを三粒持ってきた。

母は一応受け取ったが「こんな可愛い孫が生まれたというのに死んでたまるか、どんなことがあっても死ぬものか」と心の中では大いに怒っていた。私も戦争に負けたという悔しさや悲しさよりも、身体の奥のほうから新たな生きる勇気と希望が湧いてくるほうが強かったように思う。

昭和二十一年四月、父勝馬が胃癌のため五十四歳の生涯を閉じた。軍医さんに診てもらうと「あと一週間ほどだと思います。好きな物を食べさせてあげなさい」と言われ、その通りに一週間後に亡くなってしまった。枕元で道子を見せると、笑っているのか泣いているのか分からない顔で「道子か、道子か」とあやしていた。

戦後の引き揚げが始まっていたが、若い私たちは後まわしになった。そのため行商をしながら暮らしを支えるしかなかった。日本人は一か所に集められ、私たちは四畳半の部屋に家族四人で入れられた。

隣の家の牛尾さんはかなりの金持ちらしく、若い人にお金を貸してあげていた。夫も私に内緒でずいぶん借りていたようだ。引き揚げの時、重い布団を持って帰ってくれるよう頼まれてしまう。夫が世話になったと思えば、むげに断るわけにもいかず承知した。ただでさえ少ししかない私たちの荷物は、その分重量オーバーで減らされてしまったのだ。

第3章　涙を振り絞って駆け抜ける

「走りつづけるっきゃない（二十三歳〜三十七歳）」

●引き揚げで夫の故郷雪の秋田へ

昭和二十二年三月、ようやく引き揚げの時がやってきた。夫謙治二十七歳、娘道子二歳、私は二十三歳であった。佐世保に向かうため大連埠頭から興安丸という船に乗り込むと、明るい調子の賑やかな歌が船内に流れている。その頃日本中で大流行していた『りんごの歌』である。

初めて聞いたその歌は私の心を浮き立たせ、やっと日本に帰れるうれしさが心底こみ上げてくるようだった。若い船員さんたちは背中にミッキーマウスやベティさんの絵柄のついた派手なシャツを着て、皆陽気に仕事をしている。

その明るさとは反対に、船の中は所々にローソクのわずかな明かりがあるだけで、とても暗い。すぐ近くでバケツに小用を足す音が聞こえる。下の方からはすすり泣きの声がする。病人が亡くなったのだそうだ。死んだ人は毛布に包んで海中に葬った。船はぐるっと旋回しながらボーボーと汽笛を鳴らしてお別れしていく。家族の泣き声がいつまでも悲しく耳に残った。

母とは門司で別れた。兄が戦地から帰ってきているのをひたすら楽しみに、母は別府に帰って行った。私は夫の故郷秋田へ向かう。

福島あたりまで来ると窓の外は雪で真っ白であった。雪のほかは何も見えない。駅の付近だけ白い雪の中にポツンポツンと家の灯りが見える。列車の中は東北地方の言葉が行き交い、私にはさっぱり分からない。

三月二十二日、小さな駅に着いた。夫の生まれ故郷、秋田県仙北郡西仙北町刈和野字北の目は一面の雪の中に家々が埋まっていた。道路より下に入口が見える。

毛糸の襟巻を頭から被り、肩から毛布を掛けた義妹キエ子が箱橇《はこぞり》で迎えに来てくれていた。丸い顔に大きな目、真っ赤な頬が若さいっぱいの十七歳の義妹は「姉さん、よく帰ってきたなぁ、寒かったべ。この子が道子か、なんとまぁ、めんこいなぁ」といたわりに満ちた言葉を掛けてくれる。夫は道子を私の背中から下ろして箱橇に乗せ、頭からすっぽり毛布でくるんだ。

「腹減ったべ、熱いまんま握ってきたからいっぱい食え」

何年ぶりかで食べる白米の熱い握り飯がありがたくて思わず涙が溢れる。

慣れない雪の道をやっとのことで歩き、夫の実家にたどり着いた。家の周りは葦で雪囲いがされている。

高い上がり口の部屋には裸電球が一つ下がり、中程にある囲炉裏には薪が赤々と燃えていた。煙で目が染みて、部屋の中に何人の人がいるのかよく見えない。

●秋田の暮らしに少しずつ馴染んでいく

「初めてお目にかかります。イト子です。このたびはお世話になります」

夫の少し後ろに座って頭を下げ挨拶をする。

「よく帰ってきた……」

六十歳くらいの義父だと思われる人が話しかけてくれるのだが、言葉がまったく分からず、まるで外国語を聞いているようである。時間がたつと目が慣れて家族の顔が見えるようになった。横の座に義父、右手に兄夫婦、下手に義母が座っていた。

秋田の家は私たち三人を加えると総勢十五名の大家族だ。食事の時は隣接する板の間に長いテーブルを二台並べる。茶碗、皿、箸などが各自決まっているため、食事の手伝いをする時には大変だったが、義兄の末娘である高子から教えてもらいながら少しずつ覚えていった。

高子はまだ四歳だが、幼いながら忙しい家族の手助けがしっかりとできる。とはいってもまだまだ母親の懐にまとわりつきたい年齢である。兄嫁が朝早く畑仕事に出る時は泣きながら後を追う。

そんな孫を気の短い義父が恐い顔で叱っている。心臓病だという義父は身体がつらく、少しのことでもイライラしてしまうのかもしれない。私は泣き止まぬ高子を抱いて、道子と二人に左右の乳を与えると、やっと安心したように涙が止まるのである。

畑仕事はできないので、姑を手伝って食事の世話をする。土間の隅にあるコンクリートの流し台は高さが膝までしかない。慣れているせいもあるだろうが、背が低く腰も曲がっている姑は苦にもせず洗いものなどしている。私は情けないが腰が痛くてとても長い時間はできない。

世話になってばかりいるのも肩身が狭いので、代用砂糖であったサッカリンの行商をしたり、村で買い集めた卵を秋田で売ったりもした。とても大きな卵が手に入ったので義母に見せると、「姉さん、家鴨の卵は売れんな」と大笑いされる。よく見ると薄い青色をしている。農作業のことも鶏のことも何も知らない私は、とんちんかんな間違いを重ねながらも、少しずつ秋田の暮らしになじんでいった。初めて他人の中で生活し、わがままは通らず、我慢することを覚えるようにもなった。

●母のいる別府へ家族で移り住む

ある日、満州の引き揚げ待ちの水仙町で一緒だった牛尾さん夫婦が突然福島から訪ねてきた。私たちが引き揚げる時、持って帰るよう頼まれた重い布団を取りに来たのである。事の仔細を知っている義父はお茶も出さない。車を呼んでくださいと言われても知らんふりをしている。

二人で重い布団をかついで帰っていった。布団の中には高価な反物がぎっしりと縫い込んであった。若い人に金を貸して財産を築き、しっかり日本に持って帰った見上げた根性の夫婦である。

ほとんどの人たちが着のみ着のまま、思い出のわずかな品さえも泣く泣く置いてきたことを考えると、いつの世でも、どのような時でも自分の欲望や利益を守り通せる人がいるのだと複雑な思いがした。

夫が秋田南税務署に勤めることになり、昭和二十三年四月、秋田市手形に移ることになった。夫の叔父の世話によるもので、住まいも叔父の知人宅の二階に間借りさせてもらう。部屋代は米三升で、実家が負担してくれた。

しかし、夫は任官試験の日に酒を飲んで行って失敗してしまう。せっかくの叔父の好意を無にする形で税務署を去るはめになった。しかたなくまた魚の行商を始めたが、魚屋に部屋は貸さないと言われ、再び実家に舞い戻ることになる。

秋田での慣れない生活に疲れた私は、門司で別れたきりの母に無性に会いたくなり、道子を連れて別府に向かった。母は復員してきた兄と二人で、夫も子どももすでに亡くして一人暮らしをしている叔母の家に世話になっていた。兄は従兄のペンキ屋で働き、母も町の履物屋の手伝いをしていた。

このような状況の中で長く世話になるわけにはいかず、別れ難いつらさを残しながら秋田へ帰ることにした。夫が上野まで迎えに出てきてくれた。

だが、秋田へ戻っても今さら夫の実家には行けないので、市内の馬喰町に四畳半一間の間借りをする。ウナギの寝床のように長い家を何部屋かに仕切った、いわゆる長屋である。私たちの部屋は中ほどにあり、窓がないため一日中電気をつけていなければならない。

二か月ほど暮らしたが先の見通しも立たず、どうせ貧乏するなら暖かい別府で暮らしたほうがよいと夫と話し合って別府に行くことにした。

●泣き続けて右目に星ができる

　昭和二十三年八月、別府市内成の明兄さん（従兄《いとこ》）の家を出て大分市塩九舛町に一軒家を買って住んでいた私は、妊娠六か月になっていた。一軒家といっても長浜マーケット内にあるベニヤ板で出来た六畳一間きりの家である。当時の金額で五万円であった。

　隣の家には道子と同じ年の女の子のいる未亡人が住んでいて、ヤミの酒を扱う商いをしていた。

　ある夏の夜、暑さとけだるさで布団に横になっていると、夫が帰ってきて「もう寝たのか」と声をかけた。黙って寝たふりをしていると、夫は裏口から出て行きそのまま帰ってこない。不審に思い裏に出てみると、隣の家の勝手口が開いていて、夫が部屋に上がり込んで酒を飲んでいるではないか。

　未亡人の方は蚊帳の中に横たわって、親密そうに夫と話をしている。かぁーっとなった私は「お父さん、こんなところで何してるの！」と語気も強く怒鳴り込む。驚いた夫は「何もしてないよ、酒飲んでるだけだよ」と必死の弁解である。

飛び起きた未亡人は「あのね奥さん、あんたが酒を飲むのを嫌がるから、旦那さんは買った酒をここに置いて時々飲みに来るのよ。別に何もしていませんよ」と妙に開き直った口調で言う。二人が何を言おうと、大きなお腹を抱えた二十四歳の私には通用しない。聞く耳は一切ない。

それから一週間というもの、悔しさや恥ずかしさなど説明のできない感情に襲われて泣き続けていたら右目が真っ赤になり、眼科で診てもらうと、目に星ができてしまったらしく、星を焼く手術をした。その時の医師が「五十歳を過ぎたら失明します」などといい加減なことを言ったが、七十七歳の今もおかげさまでよく見える。

昭和二十三年十二月三十一日、長男友久が誕生。体重二千七百グラム。年末に生まれたが、お産婆さんが一月一日生まれで届けてくれた。

●夫の酒による失敗に悩まされ続け秋田に戻る

大分市の共栄産業で会計の仕事をしていた夫は、別府の料亭で得意先を接待した折、調子に乗って芸者をあげ、かなりの予算オーバーを出してしまった。二十五年二月、責任を取る形で自分から会社を辞めることになった。

思い返せば披露宴の時から夫の酒による失敗には悩まされてきた。酒を飲むことが悪いのではなく、飲まれてしまうのが困る。生来の酒好きなのか、自分をごまかすために飲むのか、私がうるさく言うのがいけないのか、どうすればよいのか分からないが、つくづく酒飲みは嫌だと思う。

兄は結婚して母と一緒に亀川の貸家に暮らしていた。夫の退職のため塩九升町の家を売った私たちは、家族四人で兄の家に世話になる。することもなくブラブラしている夫は、毎日海岸へ釣りに行くが何も釣れない。屈折した心で鬱々と日々過ごしていたのであろう、釣りに行ってもおもしろくなく集中できなかったに違いない。

そんな夫が突然秋田に戻ると言い出し、道子を連れて帰ってしまった。人一倍道子を可愛がっていた母に「友久を秋田にやるから、道子を取り戻してきておくれ」と懇願され、友久を連れて秋田に帰ることにした。帰るといってもどこに帰るというのか。私には今度も胸を張って帰るべき家はない。

大陸と本土、国内でも南から北へ、北から南へと目まぐるしくあちらへ行ったり、こちらへ戻ったりと移動の連続だった。なんとせわしないことか。やっと落ち着いたかと思うとそれもつかの間、その都度少ないとはいえ荷物を整理し、子どもを背負い手を引いて動きまわる。

その間、ずいぶんと多くの人のお世話にもなった。一か所に安住することができない星の下に生まれついたのかもしれない。秋田へ戻る列車の中で友久の寝顔を見ながら、様々な過ぎし日を思い、少し感傷的になったりしてしまう。

秋田では刈和野・内町の殿様、高根家の米蔵を住まいとして借りることができた。天井の高い広い蔵の一階には大きな樽がいくつも置いてある。木の梯子を上ると二階が住まいである。

薄暗い広い部屋には格子のはまった窓が二つある。周りには古い箪笥や道具類がたくさん置いてあり、真ん中が八畳ほどの座敷になっていて、固いござが敷いてある。六十ワットの電球が一つだけポツンと下がったこの部屋に一人でいると、奥の暗がりに何かがうごめいているようで恐くてしかたない。古びた道具類も何やら因縁深そうに見えてくる。この部屋に慣れるまでには時間がかかった。

●小料理屋に住み込みで働く

この家の一人息子政盛ちゃんは道子より一歳下で、すっかり仲良くなった二人は毎日一緒に遊び、道子はほとんど家にはいない。ご主人は秋田商業高校の先生で、月に何回か宿直があった。そんな夜はお手伝いさんと奥さんの女二人きりで無用心だからと、夫に泊まってくれるよう呼び出しがかかる。私のほうがもっと恐いのにと内心気分が悪い。

十六代目の当主となる政盛ちゃんは、時々悪戯が過ぎてお母さんに叱られている。庭の奥には錠前が掛けられた蔵があり、悪戯をするとその中に入れられてしまう。

「お母さん許してください、もうしません」と必死に謝ってももう遅い。「いいえ許しません」と頑として鍵を掛けてしまう。

私が頃合を見計らって蔵に行くと、大声で泣きながら「みっちゃんのおばさん、助けてよ、僕を早く出して」と訴える。すぐにも助けてあげたくなるが鍵は奥さんが持っている。「はいはい、お母さんにお願いしてきますからね」となだめてやっとお許しが出るのである。

八月に入る頃、夫の脇腹が腫れてとても痛がるので医者に診てもらったところ、筋炎だと診断される。化膿しているため手術が必要で、夫の従兄が内科医長をしている秋田市立病院に即刻入院となる。

コップ一杯の膿を取り出し、縫わずに肉が自然に上がってくるのを待って二か月間入院をしていた。私は子どもの世話があるため、義妹のキエ子が付き添って看病してくれた。

ある夜、酒に酔った義兄がやってきて「謙治が病気になったのはお前のせいだ、子どもは家で引き取るから一人で出て行け」と私に突っかかってくる。とんでもない病気になった弟が不憫で、その憎しみの鉾先を私に向けてきたのかもしれない。嫁である私はいざとなれば他人なのであろう。酔った上での暴言と思いつつも情けない思いで唖然となる。

十月に夫が退院してきたが、しばらく働くことができない。私は秋田に仕事を探しに行き、川端の〝きくの家〟という小料理屋に住み込みで働くことになった。午前中は各座敷を念入りに掃除し、十一時に朝食、三時頃銭湯に行き、夕食は四時。そのあとお座敷に出るための化粧をする。

化粧道具は持っていないので先輩のお姉さんに借りる。白粉をつけると別人のようで、花嫁の時以来初めてのお化粧に、我ながらきれいだなと鏡の中に映っている自分に見とれてしまう。二十六歳、まだまだ若い。思えばこのように自分を女性として見つめたことなど何年もなかった。

●長女と長男の順調な成長、二女の誕生

昭和二十五年十月に義父の加藤徳治が心臓病のため亡くなる。葬式も済み一段落した十一月、夫の身体も回復し、また魚の行商を始めることにして秋田市新中島に引越し、それを機に私も〝きくの家〟を辞める。

昭和二十六年四月、道子が保戸野小学校に入学した。栄養失調で三歳になっても歩けない虚弱な子どもだったことが信じられないほど、頭の良いしっかりした元気な子になった。

二歳の友久は悪戯盛りで、裸足で外に遊びに行き、そのまま部屋に上がってくる。台所の板の間には小さな足跡がペタペタとついている。私が気づけばすぐに掃除をするのだが、家主の奥さんがブツブツ言いながら時々拭いているのを見ると、ただ恐縮して謝るばかりであった。

おまけに女の子の友達と一緒に、家主の畑の茄子やトマトの花を全部摘み取ってしまったこともある。花を摘んでしまえば、せっかく植えた茄子やトマトに実が成らない。だが、そんなことはこの悪戯やさんたちの知ったことではない。

二人のポケットは可愛らしい花でいっぱいに膨らんでいた。家主の奥さんの怒りはもっともであろう。実りの収穫を楽しみに丹精こめて育てている野菜をだいなしにされてしまったのである。散々文句を言われる。

お仕置きとしてお灸をすえることにした。「この手が悪いことをしたのね」と小さな手にモグサをのせると、お灸をされたことのない友久は「母さん、熱いよね」と泣きべそをかく。それを聞いただけで火をつけることができなかった。友久の勝ちである。

道子だったら「オシッコ、母さん、オシッコ出るよー」と嘘をついて逃げられてしまうに違いない。子どもたちを広い所で誰にも遠慮せず、誰にも怒られずに思いきり遊ばせてやりたい。

夫は魚の行商に出かけたまま帰ってこない日もある。お米が底をついた時は、道子と友久に十円ずつ持たせパンの耳を買いに行かせる。

一キロ十円で袋の中にはいろいろな菓子パンの切れ端がたくさん入っている。

道子は店員が計ってくれる切れ端をうれしそうに選び、それを食べてから学校に行った。

昭和二十七年九月二十七日、次女礼子が誕生する。

子どもがいない隣の家のご夫婦が大きな鯛をお祝いに届けてくれた。以前から「今度女の子が生まれたら、私どもにいただけないでしょうか。大切に育てますから」と懇願されていた。四十歳くらいの奥さんはやさしそうで、心底子どもを可愛がって大事に育ててくれる人に違いない。

だが私は子どもを手放すことなど考えたこともない。どんなに貧しくても自分の力で育てたい。大きな目でじっと私を見つめながら無心にお乳を飲む礼子の可愛らしさに、私は新たな勇気が湧いてくるのを強く感じた。

●四人目の子どもを産む決心をする

昭和三十年四月、長男友久が保戸野小学校に入学する。

前年、土間のかまどに落ちて、煮えたぎった味噌汁を被り肩から背中にかけて火傷を負ったが幸い傷跡も残らず、無事小学一年生となった。

昭和三十年六月、私は四人目の子どもを身籠った。この頃中絶する人が結構多く、経済的に不安のあった私は正直な話、産む決心がつかなかったが、夫はもう一人男の子が欲しいと言う。

家主の奥さんはこれ以上子どもが増えたら困るから出てくれと言う。中絶すれば三千円の費用がかかる。何とかなるさと産む決心をした。

礼子は毎日元気に遊んでいる。ある日その礼子の顔が歪んでいるのに気がついた。顎の下が少し腫れて化膿しているようだ。数日すると化膿した先端が尖って膿が飛び出しそうになっている。

安全かみそりの刃先を火で焼いて消毒し、礼子に馬乗りになって押さえつけ、先端部分を刃先で少し切り、ガーゼを押し当てながらしぼると、黄色の膿がにゅるにゅると流れ出した。泣き喚く礼子をなおも押さえつけ、血が出るまでしぼり取った。

礼子の凄まじい泣き声に何事かと集まってきた間借りの人たちは、「あんた、強い人だねぇ」と驚いたように見ている。

礼子は成人した後にも、顎の下に小さい傷跡が残った。それを見るたび「女の子の大切な顔に傷をつけてしまってごめんね」と心の中で詫びながら、小さな子どもたちを抱え無我夢中だった当時が目の前を去来したものだ。

●百五十坪の土地に藁小屋の新しい家

昭和三十年八月に入った頃、義母の実家である仙北郡協和村淀川字上宿の夫の従弟から、土地と家を建ててやるから開田の手伝いに来ないかと誘われた。お腹はだんだん大きくなるし、家主には退去を迫られていたので、私は即座に賛成した。

家主から汽車賃の千円を借りて、九月に一家で従弟のもとへと向かった。家族の着替えの風呂敷包み三個、引き揚げ時に貰った黒い綿の布団一組と毛布、それだけがすべての荷物であった。

羽後境駅に降り立ち、夫が行商用の自転車で荷物と子どもたちを順次運ぶ。日暮しの開拓地には夫の従兄妹達が三軒の家に住んで開墾に従事していた。

家ができるまで上宿の本家の八畳に間借りをさせてもらう。部屋のロープに吊るされた煙草の葉にアレルギー反応を起こし、翌朝顔が腫れあがり赤い湿疹が出て痒くてたまらなかった。

十一月に家ができたので子どもたちと見に行く。村外れの坂道を下り、大きな一本杉の近くに百五十坪ほどの土地があり、中に藁《わら》でできた小屋が建っていた。従弟は「母さん（年上の人のことは母さんと呼んでいた）、来年には立派な家を建てるから、今年はこれで我慢してくれ」と申し訳なさそうに言うが、誰にも気兼ねなく家族で暮らせるのなら、それだけで十分である。

家の中は十畳ほどの広さで、板の間を丸太で半分に仕切り、藁をたくさん敷き詰めて寝床を作る。残りの半分にはゴザを敷いた。電気がないので本家からランプを借り、水は向かいの家の井戸水を貰いに行く。

バケツ二つに水を汲み天秤棒で肩に担いで小屋に着くと、水は半分に減ってしまっている。道子は水汲みがとても上手で、ほとんどこぼさずに運んだ。

土地の隅に掘った穴に板を渡し、周りをむしろで囲んでトイレを作る。風呂はドラム缶である。雪の降った朝は、藁の囲いから吹き込んだ雪で布団の上が真っ白になっている。現代から一気に大正時代の生活に逆戻りしたようだった。

●子どものいじめに学校に出向いて訴える

昭和三十一年三月二日、三女優子が生まれた。かなりの難産で破水が早すぎたため、私は痛くて痛くて大声で泣くばかりである。

夫は枕元で「馬鹿、泣くな、頑張れ！」と手をしっかり握ってくれる。それからしばらく苦しんで意識も朦朧とした頃、やっと元気な産声とともに女の子が生まれた。ほっとひと安心しながらも「また女かー」と夫は情けない声を出す。

毎日の暮しは厳しく食べ物には苦労した。食べることまで本家には世話になれない。農家の手伝いや炭焼きの手間賃として米や味噌を貰ってくる以外に、毎月の決まった現金収入はない。時々夫の実家から米を貰ってくる。

ある時、一斗五升の米が貰えて、やれやれ少しの間賄えると一息ついているところへ、秋田から家主の娘さんが、借りていた千円の取立てにやってきた。「すみません、今お金がないので待ってください」と謝ると、「そのお米を代わりに貰っていくわ」と言われてしまう。

しかたなく一斗量って手渡したちょうどその時、一年生だった友久が学校から帰ってきて、「お姉ちゃん、駄目だよ、それは僕んちのお米だよ。僕んちにはもうお米がないんだから、持って行かないで」と必死に頼むが、彼女は「友ちゃん、ごめんね」と言いながら重そうに米を担いで帰って行った。

まだあどけなさを残しているような幼い友久が、家の苦境を察して必死に哀願する顔が、親としてあまりに不憫で今でも私は忘れられない。

それに比べて、根っから酒好きの夫は毎日のように酒を飲む。手伝いに行った先で酒を振る舞われると、家族が腹を空かせて待っていることなどすっかり忘れてしまう。

ある日夕飯の米もなくなってしまった。すでに方々から借りているので、だらしないことに私も夫も借りに行く勇気もなく、五年生の道子に「日暮しの叔父さんから米を借りてきてくれないか」と頼んだ。

行きたくないと言う道子に「借りてこないと晩飯はないぞ」と夫が言う。道子は泣きながら米を借りに行った。子どもにこんなことを無理強いする親がいるだろうかと我ながら腹が立つ。

あちこちの親戚から米を借りているため、友久が学校で親戚の男の子に「米を返せよ」といじめられ泣いている所へ道子がやってきて、その男の子と喧嘩になった。友久は泣きながら帰ってきた。

道子は私の顔を見るなり大声で泣き出した。精一杯我慢して泣かずにいたのが、悔しさと悲しさと安心とが一気に噴き出したのであろう。親のふがいなさのために子どもにこのような嫌な思いをさせている。私は情けなくて胸が詰まるばかりであった。

黙っていてはまた子どもが学校でいじめられてしまう。私は学校に出向いて「米を借りているのは本当ですが、そのことで子どもがいじめられるのは間違っているのではないでしょうか」と先生に訴えた。先生は喧嘩の相手を呼び出し、道子と友久の前でじっくりと話をしてくれた。相手の男の子は「ごめんね」と二人に謝ってくれた。

●つらいりんごの行商の日々に母の涙

このような状況の中でも、子どもたちは毎日広々とした自然の中を走りまわって遊んでいた。

川の護岸工事が始まると作業員の募集が行われ、私も夫と共に働く。河原から石を集め、長い金網の籠に詰め込んで川岸に積んで行く作業中、暑さと疲れで倒れてしまった。責任者の親方が「あんたにこの仕事は無理だよ。飯炊きを頼むよ」と言ってくれたが、たった一日でそれも挫折してしまった。

強靭とまでは言えないが、決してひ弱な身体でもなく、今まで多くの困難を乗り越え、四人も子どもを生み育てている自信も少なからずあったが、直射日光のまともに照りつける河原での肉体労働にはまいってしまった。

下村の親方のりんご畑に手伝いに行くことにした。優子をえいづめっこ（乳児を入れて眠らせるかご）に入れて布団で包み、礼子がお守りをしてくれた。春に初めてりんごの袋掛けをしたが、翌朝行ってみると木の下の地面に白い袋がたくさん落ちてしまっていた。長い時間をかけて一所懸命掛けたのに泣きたくなってしまう。

申し訳なくて何と詫びてよいか分からずおろおろする私に「初めは誰でも失敗するさ、心配することないよ」と親方は慰めてくれた。数日後には袋掛けの仕事にも慣れ、一日に二千枚も掛けられるようになった。

秋にはたわわに実ったりんごを収穫して行商に出かける。籠いっぱいのりんごを背負ったとたん、後によろよろとよろけてしまう。りんごが籠から転がり落ちて傷をつけては売り物にならない。「大丈夫かなぁ」と親方は心配そうである。りんごは米と物々交換するので、帰りの米の重さも半端ではない。

親方の家の裏には雄物川の支流が流れている。川幅は広いが水量は少なく、足首までの深さしかない。親方からリヤカーを借り、りんご三箱と礼子、優子を乗せて川の中を引いて渡った。新田《あらた》の橋を渡るよりずっと近道なのだ。向かい岸までぐいぐいと力いっぱい引いていく。親方が「おいおい、あまり無茶するんじゃないよ」と心配そうに見ている。

渡りきってゆるやかな坂を上り、一里ほど奥まった村までりんごを売りに行った。少し残ってしまったので、帰る途中の高台にある四、五軒の開拓農家に寄って買ってもらおうと思い、十メートル近い細い急な坂道の手前で二人を降ろし、「優子を見てるのよ」と礼子に頼んで、リヤカーを引っ張り上げた。

勾配がきつくて途中でリヤカーが転がり落ちそうになり、慌てて力いっぱい頑張ってなんとか上の道まで引き上げることができた。汗みどろで奮闘している私に異様なものを感じたのか、置いて行かれるのではないかと不安になった礼子がわあわあ泣きながら追いかけてくる。

それを見ていた優子も一緒に泣き出す。「だめでしょ、優子を見てなくちゃ」と礼子を叱りながら、私も疲労困憊して泣きたくなった。私はこの時三十二歳、まだまだ若く無理の利く年齢だった。

●馬乗りの夫に「殺されてたまるか」

昭和三十二年十月、上宿に住んで一年が過ぎ、十坪の家を新築してもらった。藁囲いともお別れだ。土台は百年は保つといわれる栗の木で、板の間は五分板、柱の一本には檜が使われ良い香りを漂わせている。

南に面したガラス窓からは陽の光が降り注ぎ、幅九十センチの広い廊下がある。六畳二部屋と台所、電気も水道も引いた。もう井戸水を貰いにいかなくてもよい。やっと人並みの生活ができる。

昭和三十五年十二月三十日、明日は大晦日、今年も一年が終わろうとしている。とりあえずお腹を満たすことだけで精一杯の日々の中、せめて正月らしい食べ物の一品だけでも子どもたちに食べさせてやりたい。

炭焼きの手間賃を貰って帰るはずの夫を待っていると、行商のおばさんがあれこれと荷物を背負ってきた。お金がないので買うこともできず、親方の家に夫を捜しに行くと「昼過ぎに帰ったぞ」という。もう三時を回った時刻だ。

嫌な予感がして一緒に働いている仲間の人の家を訪れると、やはり座敷に上がり込んで酒盛りの真っ最中だ。「父さん、早く帰ってきてくださいね」と念を押したが、酒を飲んだら駄目なのは先刻承知、帰り道情けなくて涙が止まらない。世間ではお正月が来るのを楽しみにしているというのに、私は子どもたちにお年玉どころか、正月料理のひとつも作ってやることができないのか。

夜遅く酔って帰った夫は「なんで俺の働いた手間賃を女房がのこのこと催促しに来るんだ。恥ずかしいことするな」と怒鳴る。

「いつもとは違うでしょ。お正月が来るというのに行商のおばさんが来ても何も買えないじゃない。子どもが可哀相だと思わないの」と負けずに強く言い返すと、「うるさい、俺に恥をかかせて済むと思うのか。お前なんか殺してやる」と凄まじい形相で私に馬乗りになって首を絞める。男の力にはとうていかなわない。

息が詰まり苦しくてジタバタもがきながらも、殺されてたまるかと気力を振り絞り、夫を思いきり跳ねのけた。起き上がって優子を背負い「道子、母さんはもう我慢できない。こんな飲んだくれの父さんとは別れる。後を頼むね」と家を出ようとすると、道子は泣きながら「私が中学を卒業したら働いて母さんにお金を送るから出て行かないで、我慢して」と必死に私を止める。私も泣きながらそれでも道子を振り切って外に飛び出した。

真っ暗な夜の闇の中、雪明りで照らし出された細い道を長靴で踏みしめながら坂道を登り、やっと農協の前まで来ると、後からハアハアと息を弾ませながら友久が駆けてきた。「母さん、早く逃げて！　お父さんが追いかけてくるよ。殺されちゃうよ、早く逃げて！」と荒い息を吐きながらやっとのことで告げる。

私は急いで農協の裏手に回り身を潜めた。「オーイ、母さん、オーイ、あの馬鹿がこの寒いのにどこまで行ったんだ。オーイ、母さーん」と夫の声がする。しばらくあちこちに向かって呼んでいたが、諦めてブツブツ言いながら帰っていった。

村外れの蟹沢にたどり着いた頃にはすっかり疲れ果て、少し落ち着きも取り戻した私は急にバカバカしくなってしまった。汽車賃もないというのにどこへ行こうというのか。「優子、お家に帰ろうな」。何事が起こったのかよく分からない優子にそう声を掛けて、雪の道を引き返す。

家に戻ると夫はすでに大鼾で寝ていた。大酒を飲み、ひと暴れして泥のように眠りこけている。ついさっき私を殺してやると怒鳴って首を絞めたことなど、どこ吹く風といった夫を見ていると急に力が抜けてホッとすると同時に、情けなくてしばらく座り込んで動くのもいやになった。

「道子、心配かけて本当にごめんね」。そんな私を道子は安心したように黙って見ていた。


長女の道子は妹たちの面倒を見ながら、勉強もがんばっていた。家の事情もよく分かったしっかりした子どもで、私はどこかで頼りにしている部分もあった。

中学の先生は大曲の県立高校への入学を勧めてくれたが、経済的に進学は無理とあきらめて、自分から就職の道を選び、神奈川県藤沢の第一精工に入社した。

まだまだ親に甘えてわがままのひとつも言いたかったろう。思春期の女の子としていろいろ相談に乗ってほしいこともあったろう。もっと勉強したかったろう。

だが、なにひとつ要求せず全部自分で決めて、道子は昭和三十六年四月、藤沢へ発って行った。

そして、初めての給料で優子に赤いランドセルを送ってくれた。そして私には入社したての少ない給料の中から送金をしてくれた。

第4章　一日一日の手応えをもとに

「子どもたちと仕事の軌跡（三十八歳〜六十五歳）」

●東京に出稼ぎに行った夫が浮気

昭和三十七年、仙北郡強首村に東京から出稼ぎ労働者の募集があり、役場に行って話だけでも聞いてみるよう夫に勧めた。あまり乗り気でない夫はしぶしぶ役場に出向き、大学卒業の資格があるということで中松鉄工所の社員として採用され、東京に行くことになった。

夫からは毎月送金があり、ほっとひと安心し、子どもたちの将来について考えるゆとりも出てきた。道子を高校に進学させてやれなかったことが今更ながらに悔やまれてならない。下の三人の子どもは何があっても進学させよう。

家も建ててもらい、路頭に迷っていた私たち家族に救いの手を差し伸べてくれた本家には、感謝してもしきれない。しかし正直な胸の内を明かせば、このままここで暮らして、今のような生活を続ける気にはなれない。少しだが将来に向けて一筋の希望の光が見えてきたような気がして、久しぶりに心が弾む思いを味わった。

ところが、かすかな希望の光はまたたく間に消え失せる。八月、優子が小学校一年生の夏休みを迎える頃から夫の送金は途絶え始めた。

少しばかり順調になったというだけで、多くの人に助けられて何とかその日を暮らせるようになったことも棚に上げ、こんな山奥でお百姓仕事を続ける気はないなどと思ったのが不遜だったのか。そんな私に神様が「まだまだ、修行が足りない」とばかり罰を与えたのだろうか。

私は決心して、優子を連れて夫の様子を見るために上京した。夫は六畳一間の会社の寮に住んでいた。近くの社宅にご挨拶に伺うと、主任さんご夫婦に「奥さん、ご主人を一人にしておいてはいけませんよ。早くご家族で上京していらっしゃい」と言われる。

夫は浮気をしていたのだ。夫より十歳年上の住み込みの寮母さんと仲良くなり、それが社員の間で噂になって、その寮母さんは解雇されたそうだ。送金がないのはそのせいだったのだ。

夫も一人で淋しかったのだろう。年上の女性が何かと面倒を見てくれて、すっかり良い気分になってしまったに違いない。それにしてもお酒の次は女性問題、いい加減にしてよと叫びたい気持ちだ。

その後も夫からの送金は途絶えがちだった。夫の浮気や暮らしのことを考え、すっかり気が滅入ってふさぎ込む日々が続いていたある日、近所の奥さんが「元気を出しなさいよ」とお弁当を詰めた重箱を持ってきてくれた。風呂敷をほどくとお金の入った封筒が入っていた。人の情けが心底ありがたくて涙が止まらなかった。

●上京して親子六人でアパート暮らしへ

秋田で鬱々としていても埒があかないため、昭和三十七年十月、夫の会社の主任さんご夫婦の忠告に従って上京することに決めた。礼子と優子を下村の親方に預け、ひとまず中学生の友久だけを連れて行くことにする。

友久は中学進学のテストで二百人中十番以内の成績を収め、先生から「道子さんもよくできたが、友久くんはそれ以上に成績優秀です。お母さん、将来が楽しみですね」と誉められた。期待するなと言われても期待で胸が膨らんでしまう。早く東京の学校に馴染んでもらいたい。

江東区北砂、砂町銀座の裏に六畳一間のアパートを借りた。家賃は六千円。藤沢から道子も呼び寄せ、久しぶりに親子四人で暮らすことになった。

藤沢の会社を辞めた道子は、珠算三級の資格を活かして近所の製瓶工場の事務員として働くことになった。三十八歳になった私は日清食品に職を得ることができた。夫と私と道子、三人で働くようになり生活にゆとりが生まれてきた。

秋田に残してきた二人の子どものことは気がかりだったが、もう少し落ち着いてから呼び寄せるつもりでいたところ、「貧乏でもいい、どんな我慢でもするからお母さんと一緒に暮らしたい」と礼子から手紙が来た。

こう言われては放ってはおけない。すぐさま夫に秋田へ迎えに行ってもらう。親子六人、久しぶりに枕を並べて寝られた日のことを忘れはしない。狭い六畳間に重なり合うようにして寝た。窮屈なことはなはだしかったが、家族が一緒にいられる喜びのほうが何倍も大きかった。

家の前の砂町小学校に礼子（五年生）と優子（一年生）は転校した。優子は小さくて、受持ちの塚本先生が「可愛いのぉ」と物差しで背を測ると一メートルに満たない。クラスの子どもたちが笑ったので、次の朝学校に行きたくないと泣いて私を困らせる。

友久も皆に方言を笑われるので学校に行くのは嫌だと言い、不登校になってしまった。秋田の山奥から急に都会の学校へ移り、子どもたちにとって大きな精神的負担があったのかもしれない。

先生から出席日数が足りないと卒業できないと注意された友久は、なんとか卒業だけはしてくれた。優秀だと誉められ、楽しみですねと言われ、期待に胸膨らませた日が遠くに行ってしまったようだ。

友久は商業高校の二部に入学したが、一学期が終わると秋田の実家に一人で帰ってしまった。道子が連れ戻してきたが、高校を勝手に退学して水商売で働き出した。ピラピラした派手な格好をするようになり、夫に叩き出される日も多い。

友久はなんで変わってしまったのだろう。過大な期待を寄せて東京に連れてきたのが間違いだったのか。あのまま秋田の自然の中でのびのび暮らしているほうが性に合っていたのかもしれない。私は途方に暮れるばかりであった。

●工場を解雇され食堂の厨房で働く

砂町の開発が進むにつれ、町工場は次々と地方に移転し始め、日清食品の工場も横浜に移ったため私は解雇された。

まったく人生は思い通りにいかないものだ。大波の嵐が静まり、やれやれと思うも束の間、今度は小波が次々とやってきて気の休まる暇もない。けれども大波小波の合間にほんのひと時、抜けるような青空が見え、澄んだ夜空に一瞬キラッと星が輝く。きっとそれが幸せというものなのかもしれない。

とりあえず今は皆健康だ。それだけでもありがたいと思わなければ。

料理下手を自認する私は、母として三人の娘に料理を教えてやりたいと考え、食堂で働くことにした。試験を受けて採用が決まった川崎製鉄の工場には八百人近い従業員がいた。厨房には十三人の男女が働いていた。

沢庵の切り方から洗米機の使い方まで、素人の私は見るもの聞くものすべてが初めてのことばかりで慣れるまで大変であった。初めて洗米機を使った時は失敗して米を流してしまう。コックさんが「水を止めろ」と言ってくれたので助かったが、流れる米を両手で掬って拾い集めながら、自分は何もまともにできないと悲観して涙が出る。

厨房の隣は寮の食堂になっている。週に一度の残業の夜、絣の着物を着た若い寮長が食事に来て「ご苦労さん、大変ですね」と声をかけてくれる。帯を直してあげたのをきっかけに少しずつ話をするようになった。

私より十四歳も若い彼は写真が趣味で、残業が終わったある晩、銀座の写真展に連れて行ってくれた。並んで歩いては申し訳ないので、少し遅れ気味に後からついていく私をさり気なく立ち止まって待っていてくれた。

鉢植えの花をプレゼントしてくれたこともあった。初恋以来このように男性からやさしく扱ってもらったことなどなかった私は、まるで少女のように胸がときめいた。ハイキングに誘われ、優子を連れて出かけたこともある。

そんな秘密めいた思いを胸に抱いたまま、いつもと変わりない日々を過ごしていたある晩、酒飲みの夫の愚痴を優子にこぼしたところ、「そんなこと言えないよ。お母さんだって悪いよ。若い男の人と遊びに行ったりしてるでしょ」ときつい口調で言われた。

小学生の娘に心の中を見透かされたようでドキッとしてしまう。

●ヤクザに追い回される性懲りもない夫

砂町の赤提灯で飲んでいた夫がヤクザに絡まれ喧嘩をした。洋服の袖が破れたから弁償しろと難癖をつけられ、一万五千円の証文を書かされてしまった。人相の悪い男が二人でやってきて証文を見せながら、「旦那はいるかい」と勝手に二階に捜しに行く。

主人がいないと分かると二、三日後の夜更けにまたやってきて、玄関の戸をドンドン叩く。「静かにしてください、皆寝てますし、近所の方にも迷惑かけますから。主人は今夜帰ってきません。帰ってください」と頼んでも、二人で戸を揺すって二枚の戸をはずし、家の中に入ってきた。

妙に下手に出て「奥さん頼むよ、この寒空にジャンパーなしじゃ風邪ひくよ」と気味が悪い。えい、もう仕方ない。喧嘩の相手になった夫も悪いのだ。私の給料から五千円ずつ三回に分けて払うことで話をつけた。翌朝、家主の若夫婦が「恐くなかったですか。私たちはもう恐くて震えてじっとしてましたよ。奥さん強いですねぇ」とまだ恐がりながら感心したような驚いたような声で言った。

ヤクザ二人を前にして恐くないわけないでしょうと言いたいところだが、裸同然に命がけで満州から引き揚げ、小さな子どもに満足な食事も与えることができなかった秋田での暮らし、荒波をかぶってはくぐり抜け、くじけては歯を食いしばって立ち上がってきた苦しい人生の修羅の日々は、私を少しは強い女に鍛えたのかもしれない。

それにしても酒が原因で失敗やトラブルを繰り返しながら、なおも懲りない夫には腹の立つのを通り越し、あきれてものも言えない。

道子に結婚の話が持ち上がった。相手の方はまだ若いのにしっかりした青年で、身体ひとつで来てくださいと言ってくれる。道子もすっかり気に入ったので、この結婚をまとめてもらうことにした。

自分がまだまだ親に甘えたい盛りにも、長女ということで下の妹たちの面倒を見、どん底の貧しさの中でも親を恨むことなく、自分を卑下することもなく立派に成人した道子が、いよいよ花嫁になる。私は心の中でそっと娘に頭を下げた。

その娘が嫁入りするというのに夫は相変わらず酒を飲み、一万五千円の家賃も滞る月がある。道子は今度こそは心底怒り、もうお父さんなんかいらないと区役所から取ってきた離婚届を夫の目の前に突き付けた。

「馬鹿、親に向かってなんだ。母さんが別れるわけないだろ！」と怒鳴る夫に、「いいえ、私は別れます。家族のことを少しも考えないお父さんなんかもう必要ありません」と私はきっぱり宣言した。

夫は肩肘張って「なんだとぉ、よくそんな口がきけるな。よーし、書いてやる。なんだこんなもの、書きゃいいんだろ書きゃ」と悔しそうに言って離婚届を書いたが、印鑑は押さなかった。

●「六十を過ぎたら、苦労した分幸せになれるよ」

昭和四十年二月、道子は山形出身の佐藤勲と結婚した。道子十九歳、勲二十二歳である。川崎のアパートを借りて新婚生活が始まり、翌年には女の子が生まれた。名前を悦子とつけた。私にとって初孫である。

ある日、仕事を終えて帰りがけ、仲間四人と門を出ようとしていたら川鉄の守衛のおじさんに呼び止められた。なんだろうと窓口に行くと「あんたは変わった人相をしている。他の人とは大分違う。ちょっと見てあげよう」と言う。

「あんたはずいぶん苦労してるね。まだまだ苦労は終わらないよ。でも負けないで頑張りなさいな。六十を過ぎたら、苦労した分幸せになれるよ。元気で長生きできると人相に出ているよ」


六畳一間のアパートから道子を嫁に出すのは何としても可哀相で、新築の二階二部屋を家賃一万五千円で借りたが、夫の酒代も嵩み私たちの収入では無理となり、北砂六丁目のアパートに移った。再び六畳一間の生活に逆戻りである。

引越しを機に夫とは本当に別れようと決心し「アパートには来ないで下さい」と念を押したにもかかわらず、引越しの当日は一緒についてきて手伝っていた。

私は礼子と優子の三人で住むつもりだと頑として夫を受け入れなかったため、しかたなく知人の新聞屋に住み込み、朝刊の配達を手伝っていた。私が会社から帰ってくる頃を見計らってはアパートにやってきて「もう酒は絶対飲まない、本当にきっぱりとやめるから許してくれ」と頭まで下げるが、その手には乗らない。

今は私の給料から六千円の家賃を払い、何とか生活が成り立っている。余裕はなくても誰に遠慮することなくきちんと生きていける。夫に振り回されるのはもうたくさんである。

しかし、夫は十日間毎日やってきて、部屋の前で座り込み作戦を続けた。隣の部屋の人が不審そうに眺めているので、私も根負けして許すことにしたが、大人しくしていたのはたった二日間だけで、それを過ぎると平気な顔でまた飲み出した。

なんとまぁ自分勝手な人なのだろうか。けれどもそんな男を夫として選んだのも自分の責任、きっぱりと別れないのも自分の責任、誰に不平を言っても始まらない。

●難関の調理師試験に合格

昭和四十二年三月、私は妊娠したことに気づいた。五人目である。子どもが生まれたら働けない。生まれてくる子どもにも苦労をさせる。悩んだ末に中絶を決意した。

その後身体に変調をきたし、出血が止まらないので診てもらうと「すぐ江東病院に行きなさい。放っておくと命に関わります」と言われてしまう。江東病院の先生は私に子どもが四人いることを確かめると、子宮の全摘手術を行う旨を説明し即刻入院となった。四時間の手術は無事終わった。

昭和四十四年四月、南砂五丁目の都営住宅の抽選に当たり、九月に入居が決まった。私と夫の所得を合わせると入居資格の収入上限を超えるため、食堂を退職することにした。

十五棟から成るマンモス団地で、子どもたちと毎日のように行って、入居予定の一号棟四階四〇五号室の郵便受けから部屋の中を覗いてわくわくしたものだった。

しかし心配なのは酒飲みの夫があてにならないことだ。九千円の家賃をきちんと払っていけるだろうか。電話もつけたいし礼子の高校進学もある。希望と不安とが同時に次々と押し寄せてくる。

引越しの日はあいにく朝から小雨模様だったが、荷物も少なくすぐに終わった。今までで一番広くて快適な三ＤＫの新しい住まいに皆大喜びだ。

ある日、何気なく広報誌を見ていると、調理師の国家試験の報せが目に入った。締め切りは一週間後である。一生身につく資格を持って仕事をしたいと考えていたことが、急に現実味を帯びた形で目の前に現れたような気がした。急いで秋田から戸籍謄本を取り寄せ、外務省で女学校の卒業証明書を発行してもらった。

調理師受験の参考書を数冊買い求め、必死でにわか勉強を始めた。

一所懸命頑張ったおかげで合格通知が届けられ、念願の資格を手に入れることができた。六千人の受験者のうち合格者は二千人だった。

この資格を活かして昭和四十四年九月、日本橋の三井銀行の地下にある職域食堂に採用となり、和食部門に配属される。自信を持って仕事ができるに違いない。

●スーパーの貸し店舗で〝ハッピー〟開店

昭和四十七年五月、新聞にスーパーの貸し店舗の広告が掲載されているのを見て、いつかは自分の店を持ちたいと考えていた私はさっそく目黒にあるそのスーパーを見に行くことにした。四階建てのマンションの下にある小さなマーケットであった。

肉屋、八百屋、魚屋、食料雑貨、パン屋、弁当屋、寿司屋などが店を開いている。奥まった五坪ほどの空間が売りに出されている店舗である。さっそく社長に話を聞いた。

権利金百三十万円を今なら九十万円に下げてくれ、家賃は一万八千円、手付金として十五万円が必要とのことだ。ほかにも借りたい人が二、三人いるので早い者勝ちですよと言う。

愚かなことに私はお金のことを何も考えずに飛んできてしまった。具体的に金銭の話が持ち上がって初めて、とんでもないことに首を突っ込んでしまったことに気がついた。だが走り出してしまった私の気持ちを止めることはできない。

翌日、仲良くしている同僚の北山さんに十五万円の借金をお願いすると、訳も聞かずあっさりと貸してくれた。そんな大金を黙って私を信用して貸してくれたのだ。

さっそく手付金を持って社長に会いに行くと、権利金の半額四十五万円を二週間以内に支払うこと、もしできない場合は十五万円の手付金も戻ってこないと聞かされて仰天してしまう。十五万円さえ人に借りたというのに、四十五万円を二週間以内に用意するなど不可能だ。

私は初めて道子に相談した。道子も店を見に行った結果、「やめたほうがいい。近くに大岡山や西小山の大きな商店街があるし、立地的にあまり好条件と思えない」と大反対されてしまう。けれどもどうしても諦めない私のために、やっと四十五万円を用立ててくれた。道子は娘というより親のような大きな手で、自分勝手で強引な私を助けてくれた。

職場は五月で退職することにした。ボーナスと退職金の中から北山さんに十五万円を返却し、残金を内装工事や電気工事費に当てる。ただの空間が立派な店舗となった。

私は惣菜屋を開きたかったが社長は衣料品雑貨の店を希望しており、意向に逆らうことはできなかった。まあ何の店でもいい、自分の店なのだ。自分で考え工夫しお客様に喜んでもらえる店を作ろう。日頃から幸せを願っているので店の名前は〝ハッピー〟とした。この時私は四十七歳になっていた。

開店に向けて忙しい日が続く。日本橋馬喰町で棚やショーケースを購入し、商品の下着類を仕入れる。少ない資金をどう上手く使うかが難しい。

資金が絶対的に不足しているので、社長が保証人になって国庫から百万円を借りた。様々な雑貨をはじめ商品も揃ってきた。スーパーの向かいに五十戸ほどの都営住宅があり、そこのお客様も増え親しく顔見知りとなって、商売がとても面白くなってきた。

おかげで仕入れが間に合わないほど上手くいっていたが、昭和四十八年のオイルショックのあおりを受けて品物が入らなくなり、店は空っぽの状態が続き一時閉店せざるを得なくなった。

●競馬で大穴を当てて病みつきに

閉店しても店の家賃は払わなければならない。遊んではいられず、すぐ翌日には神田の三井記念病院内のレストランで働くことを決めてきた。この店には親友の八重ちゃんも働いている。毎日二人で他愛もないことをお喋りしたり、些細なことでも大笑いしたりと、まるで女学生時代に戻ったかのように楽しく仕事をした。

目黒の店を閉めて一年、その間の家賃もばかにならず、これからも毎月一万八千円が消えていく。早く何とかしなければと、今度は希望通り惣菜屋を開店することにした。

南砂から始発の電車で築地の魚河岸まで仕入れに行き、毎日五品の惣菜を手作りして並べる。夜七時に閉店して帰宅するのは八時過ぎになった。

寒い時期におでんを作ったら大好評で実によく売れた。鍋を持って買いに来るのであっという間に品切れになってしまう。店が暇な時はマンションの四階に住む洋裁の先生から仮縫いの仕事を回してもらったり、近くの弁当屋で洗い場の手伝いをしたりして家賃の足しにした。

土曜日曜になると、隣の魚屋や肉屋のおやじさんたちがラジオで競馬中継を聞いている。顔面を紅潮させて一喜一憂する面白そうな様子に、いつの間にかつい私もはまり込んで、競馬新聞を買って勉強を始めた。
○や×、▲などの印がたくさんあって、さっぱり分からなかったが、おやじさんたちに教えてもらい徐々に詳しくなっていった。それからは土曜日曜には馬券を買うようになり、ついに店の仕入れの金まで使ってしまったこともある。
築地に仕入れに行った帰りには、銀座の場外馬券売り場に寄った。競馬で家を建てた人はいないと言われる通り、平均すれば損の方が大きいかもしれないが、十六万八千円の万馬券を取ったこともあり、たまにこのような大穴を当てるともう病みつきになる。

スーパーが定休日の木曜には、家で酒飲みの夫と顔を突き合わせるのが嫌なこともあって、一人で草競馬に出かける。電車賃と軍資金の二千円を懐に浦和、船橋、川崎、大井と方々の競馬場に行き、百円で馬券を買って昼過ぎまで楽しんでくる。

まれに七千円や五千円の馬券を取ることもあり、お腹が空けばさつま揚げや磯辺巻きの餅を食べるのも楽しい。そんな時、子どもの頃父に連れられてよく行った別府の草競馬を思い出す。

競馬に熱中し喜んだり悔しがったりしている父の傍らで、買ってもらった餅などを食べながら、子どもの私はなぜかとても幸せだったような気がする。はるか遠い昔の幻のような思い出だ。

●二十万円のメキシコ旅行ツアーに参加

昭和五十三年四月二十五日、三女優子が結婚した。お相手は三重県出身の中島美津夫、勤めていた会社の上司である。優子はドレスメーカーの短大に通っていたが、あまりにお金がかかるので続けさせることができず一年で中退させてしまった。

可哀相なことをしてしまい気にかかっていた私は、電話帳で探した会社に優子を雇ってもらった。その会社で知り合ったのが彼である。結婚式は二人だけでハワイで済ませたが、彼の両親が承知せず、六月一日に改めて東京で式と披露宴を行った。偶然にもこの日は私の誕生日でもあった。

以前から歴史が好きだった私は、〈メキシコ、ユカタン半島モニターツアー八日間二十万円〉の新聞広告を見てマヤの遺跡に興味を持ち、ぜひともこのツアーに参加したくなった。

費用の二十万円をどこから工面すればよいかと思案のあげく、思い切って毎月の店の積み立て金を解約することにした。

この海外旅行にしてもそうだが、考えてみるといつでも私は思い立ったら即実行してしまう。良い時も悪い時も思い切りがいい。石橋を叩いて叩いてなお渡らないという人もいるが、私は叩く前に渡ってしまう傾向がある。

店を始める時もあまり深く考えることもなく突っ走ってしまった。よく解釈すればば実行力があるとも言えるだろうが、実は単なる自分勝手でわがままな性格なのである。だが自分の好きなようにしたいからこそ頑張れるのだとも言える。子どもたちはそんな私を理解してよくついてきてくれた。

寒さもひときわ厳しい二月、一人でリムジンバスに乗り成田に向かう。ツアーは圧倒的に女性が多かった。経済的にも時間的にもゆとりが出てきたのだろう。飛行機は一路ロサンゼルスに向け飛び立った。

海外旅行どころか何しろ初めて飛行機に乗ったのだから、見るもの聞くものすべてが珍しい。ロスで小型機に乗り換えてメキシコに着いたのは夜であった。上空から見たメキシコの空港は淡いピンクの灯りに染まった海のようで、現実とは思えないほど美しかった。

店の客のアドバイスで、淡いピンク地に紺の小さな文字が染められた大好きな着物を一揃い用意してきた。以前食堂で働いていた時に思い切って月賦で買っておいたもので、まだ一度も手を通していない。

二日目にメキシコ大学の学生さんたちと一緒の晩餐会があり、私はその着物を

えるようだわ」と誉めてくれた。晩餐会場の中央のらせん階段を皆で静々と下り着ることにした。帯を締め終えた私を見て、同室の婦人が「わぁ、綺麗！　見違
ていくと、盛大な拍手で迎えてくれた。

私の着物姿に「ワンダフル」の声があがる。まるで女優にでもなったような気分である。若い学生さんたちが周りを囲んで写真をたくさん撮ってくれた。生まれて初めて女性冥利を味わい、天にも昇る良い気分を満喫させてもらう。

●母の死と夫のあっけない死

昭和五十四年四月二十一日、母ユウが子宮癌のため亡くなる。八十四歳であった。兄からの電話ですぐに大阪の病院に駆けつけた時には、すでに母の意識は無く、一言も交わすこともないまま遠い所に旅立ってしまった。

お別れに母のおむつを替えた。泣いても泣いても涙が止まらない。子どもの頃を思っては泣き、引き揚げの時、秋田に訪ねてきた時、何を思い出しても胸が詰まるほど切なくなる。

あれもしてあげればよかった、これも言ってあげたかったと悔やむことばかりだが、時すでに遅しである。八十四年間の人生お疲れさまでした。そして心からありがとうございました。お母さん、あなたの人生は幸せだったでしょうか。

母の死から半年、十月二十一日には夫謙治が肝硬変で急死する。享年五十九であった。

目黒の店から八時近くに帰宅すると、家中の電気が真っ暗なまま。変な予感がして「お父さん」と呼んでみたが返事がない。電気をつけて部屋を見まわしたが姿が見えない。

キッチンの電気をつけると夫がテーブルの下で寝ている。呼んでも揺すっても動かない。夢中でテーブルの下から引きずり出して座敷に寝かせ、道子に電話をして救急車を呼んだ。

テーブルの上の一升壜には焼酎が二合くらい残っていた。病院に入って五時間後に容態が急変し、苦しむこともなく一言も話さずあっけなくあの世に旅立っていった。

もし長期間入院していたら、一日八千円の付き添い費用も含めてかなりのお金がかかる。私が店を休めば生活していけない。それを分かっているかのように、あっという間に逝ってしまった。

夫は人生の最後に私を助け、妻孝行をしてくれたのだ。夫に向かって「ありがとうございました」と手を合わせた。

毎日酒ばかり飲んで給料もまともに家に入れず、結婚は苦労の始まりの見本のような人で、何度別れたいと思ったかしれない。しかし結局別れもせず最期を看取ることになったのも、深い縁あってのことなのだろう。

私一人になってみると淋しくて仕事をする気力も湧いてこない。一人じゃ喧嘩もできやしない。喧嘩のできる相手がいるということは幸せなことなのだ。

●落ち着くところに落ち着いた三人の娘たち

一か月ほどぼんやりと過ごしていたら道子が心配して「お母さん大丈夫？　し

っかりしてね」と慰め励ましてくれた。苦労させられた分、気が抜けてしまったのかもしれない。けれどもいつまでも家でぼんやりしてはいられない。

日本橋の食堂のパートで何か月か働いたが、五十歳を過ぎた私の時給は五百円で、とても足りない。思い切って都営住宅を出て、京王線柴崎にあった三井商船の寮に住み込みで働くことにした。

給料は手取りで九万円だったが、ボーナスが同時期に入社した四十八歳の正社員の半分しかもらえない。調理師の免許もなく未経験で仕事のできない人のほうが倍も多いとは、どう考えても納得がいかない。わがままかもしれないが、これには断固我慢ができない。新聞で職探しを始め、寮を出た。

目黒の柿の木坂にある第一ダイヤモンド工事会社で面接を受ける。調理師の資格を評価してくれて社員寮の食堂チーフとして採用された。給料は十八万円、ボーナスは六か月分で、住居は会社がアパートを借りてくれた。待遇はかなり良いほうだ。ここで頑張ってみようと思う。

朝五時には出勤して三十人分の朝食と弁当を作り、一度家に帰る。午後、近くの店で仕入れをして三時から夕食のための仕込みに入る。六時ごろに仕事から帰ってきた社員に夕食を出してアパートに帰る。

昭和五十五年三月二十三日、礼子が見合い結婚をした。渋々承諾した見合いだったが、縁があったのかすぐ話がまとまった。諸田康司二十八歳、礼子二十七歳である。

これで三人の娘は落ち着く所に落ち着いた。やれやれと肩の荷が下りた気がする。結婚が決して幸せを持ってくるとは限らないことを、私は身をもって知っている。むしろ結婚は苦難のスタートかもしれない。

それでも世の親は娘が結婚してくれることを願うのだ。結婚して子どもを産み育て、平凡でもいいから普通のことを普通にやっていくことを願うのだ。考えれば不思議な気がする。

りんごをリヤカーにのせて売り歩いていた秋田での日々が蘇ることがある。まだほんの小さな娘たちを連れて、安定の悪いリヤカーを引っ張りながら坂を上ったり川を渡ったり、泣きたいような気持ちになりながらも力が湧いてくるのは子どもたちがいたからである。

子どもたちはそこにいるだけで私に勇気や元気を与えてくれた。子どもの小さな身体の中には、大人を幸せにするとてつもない大きな秘められた力が宿っているのだと思う。

それぞれに一人前になり親の手から離れて、今度は別の人と手を携えて生きていく娘たちがどうか幸せでありますようにと願う。

●息子の奇跡的回復と失踪

会社が世田谷区喜多見に移転するので、私も野沢から会社の近くに引越した。ある日道子から電話があり、友久が病気になり私に会いたがっているという。三十一歳になっている友久とはもう長い間会っていなかったが、姉の道子とは連絡を取っていたらしい。

小田急線相模原の国立病院に行くと、以前の面影もなく痩せ衰えた友久が今にも倒れそうに玄関に立っていた。とにかく入院の手続きを済ませる。冬山でスキーのインストラクターをしていて病気になったという。

栄養状態がいかにも悪そうに見える。健康保険にも加入していなかったので、会社の社長にお願いして扶養家族の手続きをしてもらう。昼休みを利用しては友久の好きな食べ物などを買って病院に通った。

数日後、すぐ来院するようにとの電話が入り、びっくりして病院に駆けつけた。担当の医師から「検査の結果が出ました。息子さんは急性のB型肝炎です。お気の毒ですがもっても一週間と考えてください」と硬い表情で告げられた。

私はあまりにも突然のことで一瞬何を言われているのかも分からず、一週間しかもたないという意味がはっきりすると心臓が止まる気がした。親不孝な息子でも死んでしまうと思えば、ただ不憫さが募り情けない。

勉強もよくできて優しい子だったのに、いつの頃からか軌道を外れてしまった。貧乏を嫌ったのだろうか。たった一人の男の子で甘やかしてしまったのだろうか。過度な期待を寄せた私がうっとうしくなったのか。地道な生活から逃げ出して、私の手の届かない所へ行ってしまった友久が、ボロボロの身体で助けを求めに帰ってきたというのに、私には何もしてやることができない。

しばらく気の抜けたようにボンヤリとしたまま、とりとめのないことが頭をかすめていく。はっと気を取り直し、道子や妹たちに電話で事の次第を報告した。

翌日、病院に行くと友久は個室に移されていた。病室の入口にはピンク色の消毒液が入った洗面器が置かれている。ベッドにそっと近寄るとぐっすり寝ていたので、しばらく寝顔を見てから、そのまま静かに病室を後にした。

二日目、気持ちの整理と覚悟をしてから病室に入るとベッドにいない。急変でもあったのかと慌てて廊下に出て、夕食時の食事を運んでいる看護婦さんを呼び止めふとお盆を見ると、加藤友久の名札が目に入り〈大盛り〉と書かれたメモがのっている。どういうことだか状況がピンとこない私に、看護婦さんは笑いながら大部屋を指差し「あちらの部屋に移ったんですよ」と教えてくれた。

部屋に入っていくと息子は笑って私を見た。昨日までのことが嘘のような元気さである。先生の話では「いやー、息子さんには驚きました。奇跡的です。新薬がよく効いたようです」ということだ。友久は日に日に元気を回復して退院した。

とりあえず私のアパートに連れてきて、お世話になった社長に二人してお礼に伺った。社長はこの会社で働かないかと言ってくださった。さすがにこの時ばかりは友久も心から謙虚な気持ちでその申し出を受けることにした。

車の運転ができないと仕事にならないため、社長は教習所の費用まで負担してくれた。免許が取得できると友久は車が欲しいと言い出し、私を保証人にして百二十万円の新車を勝手に購入したあげく、一か月も経たぬうちに車もろともどこかへ消え去ってしまった。ゴルフだ、ボウリングだ、スキーだと遊び呆けてばかりいる派手好きな息子に、工事会社の堅い仕事が続くはずがなかったのだ。

またしても私が甘かった。社長にはなんとお詫びを言ってよいやら、恥ずかしさと申し訳なさで深々と頭を下げるしかない。

今後何があっても私は助けてなどやるものか。ほとほとあきれる。だが一週間の命と宣告され、ぐったりと横たわった息子の寝顔を眺めながら、どんな親不孝な子どもでも生きていてくれるほうがいいと心から思ったものだ。親というのはそんなものかもしれない。

●水泳を習い、ロードレースに参加

道子が私に見合いの話を持ってきた。これからまだ先は長い。良い人だったら結婚してもいいんじゃないと言う。相手は一人暮しの六十四歳になる太ったおじいさん。年金で生活をしている。

二回ほど家に遊びに行き、結婚してもいいかなという気持ちになったので、会社に退職願を出した。ところがおじいさんは仕事を続けろと言うのである。私の収入をあてにしている心の中が読めたので、すぐにこの結婚の話はお断りした。好きでもないおじいさんを私が養うなんて真っ平お断り。早まって会社を辞めてしまい大失敗だった。

改めて職探しをして、早稲田大学構内の学生食堂やレストランなどを手広く経営している喜山株式会社に採用された。駒込の社長宅の二階に住み込ませていただく。

勤務先の近くにある駒込スイミングセンターで水泳を習い始めた。五か月で自由形五十メートルが泳げるようになり、証明書である泳力証を貰った。

私は自分でも活動的な性格だと思う。何でもしてみたいし、好奇心やチャレンジ精神も旺盛だ。

昭和五十六年には東京マスターズの八王子ロードレース大会四十歳代三キロメートルの部に出場し、五十七歳の私は華々しくビリを飾った。順番や勝敗は気にしない。いくら周りから驚かれようと、自分のやりたいことに挑戦し、少しずつでも上達したり、できるようになったり、最後まで諦めずに頑張れたりした時、私は大きな幸せに包まれるのだ。


昭和六十四年一月。昭和天皇の崩御とともに元号は平成と改まり、戦争を挟んだ長い昭和の時代は終わった。人生の前半、中半を昭和の歴史とともに生きてきた私も、激動の渦の中でゼロから立ち上がって今日まで生きてきた。これからがいよいよ人生の後半部、ますますファイトが湧いてくる。

確かに若い時に比べれば体力の衰えはいたしかたない。けれども年齢を重ねるごとに蓄えられる経験という財産は、それにもまして大きな価値がある。その経験を生かし磨きをかけて一日一日手応えを感じながら生きていきたい。

五月に〝喜山〟を退職した。仕事を辞めて人生の本番はいよいよこれから始まるのだ。私は六十五歳を迎えていた。

第5章　七十二歳、恋にもまっしぐら

「ようやく得た真の幸せ（七十二歳～七十七歳）」

●Yさん、朝から午後遅くまで我が家で過ごす

平成元年に神奈川県に住むようになってもう八年の歳月が流れ、私は七十二歳を迎えた。その間、ゲートボールやらダンスやらと忙しい毎日であった。

九月には公民館の墨絵教室に入会した。子どもの頃から絵を描くことが好きだった私に、また新たな楽しみが増えた。

先生はとにかく三年間は頑張って続けなさいとおっしゃる。どんな趣味でも長く続けることが大切だという。最初の一年間がひとつの山で、次に三年、そして十年続けるとやっと本格的に身に付いて、生涯の楽しみにつながっていくのだそうだ。

この年齢になっても次々やりたいことが出てきて、退屈している暇などない。そうそう、リリーという猫が家族として一匹増えたのだ。いろいろと楽しむためには費用もかかり、家計のことも考えなければならない。無駄なく節約して生活していかなければ。

ワープロも始めたが、ゲートボール仲間の男性Yさんはワープロに詳しく、分からない時に教えに来てくれる。そんなことがきっかけとなり大判焼きや切り餅などをお土産に持って、最近Yさんがよく遊びに来るようになった。うどんを煮てささやかな昼食をご馳走したり、土産の切り餅で安倍川餅を作ったりして朝から午後遅くまで我が家で過ごすこともある。

ワープロはYさんの個人レッスンのおかげで、ずいぶん上手く操作できるようになった。ゲートボールの話は何時間でも尽きることがないが、Yさんは時には亡くなった奥さんの話をすることもある。

Yさんが家に来ていた時、千葉の友達から電話がかかってきた。

「そこに誰かいるの。男の人の声が聞こえたみたいだけど」

「ええ、いるわよ、私の彼氏なの」と冗談めかしてからかうと、友達は驚いて絶句する。

「嘘にきまってるでしょ」と言うと「あぁ、びっくりした。でもイトちゃんなら恋人の一人や二人いても不思議はないわね」と言われてしまう。

平成八年も押し詰まった暮れの三十日、道子が「お母さん、昨日誰が来ていたの。家の前に一日中車が止まっているのを見た人がいて、私に教えてくれたのよ」と不審な面持ちで非難がましく言う。

「ああ、Yさんのことね。ゲートボールの友達なの。ワープロも教えてもらってるのよ」

私はありのままを正直に道子に伝えた。

●「良い友達になってください」とYさんへ
平成九年の幕が開いた。今年はどんな年になるだろうか。昔流に言えば、また一歳年を取ったことになるが、自分が幾つになったのか最近では忘れていることがある。幾つになっても心は青春、ゲートボールにワープロ、ダンスに墨絵、リサイクル活動……。海外旅行にもまた行きたい。

Yさんから「ゲートボールの新年会で飲み過ぎてしまった。そちらへ行きたいけど行けなくなってしまったよ」と電話があった。行きたいと言ってくれる言葉がうれしかった。私たちは気の合う良い友達になったようだ。

一月のある晴れた日、ゲートボール大会の開かれる高原ホテルの下見を兼ねてYさんと箱根に出かける。車で二時間のドライブ。まだかなりあちこちに雪が残っている。御殿場を回って四時半頃帰宅した。今度は桜の咲く頃に花見に行こうと誘ってくれた。

Yさんとは急速に交流が深まった気がする。私が電話するとすぐ来てくれて、ビデオの操作の方法やワープロを教えてくれる。Yさんのおかげで生活がずいぶん広がって楽しさも増えた。昼食にうどんを作るとおいしいねと言って喜んで食べてくれる。やさしい人だなと感じた。

二月十四日のバレンタインの日、天神さんでゲートボールの仲間が集まるので、私は皆にハート型のチョコレートをプレゼントした。Yさんには他の人とは違う特別の箱入りブランデーチョコレートを用意してきた。

「良い友達になってください」と書いたカードを添えて、皆に内緒でそっと隠すようにして渡した。その夜Yさんから電話があり、夕食の席で家族にバレンタインチョコのプレゼントを披露したら孫に冷やかされてしまったよ、と嬉しそうに話してくれた。

●二度目のハワイ旅行を満喫する

平成九年二月、二度目のハワイ旅行に参加した。今年はボランティア仲間の瀬戸さんと一緒である。二月二十六日の朝ホノルルに着き、市内を見学してからアウトリガーホテル三十九階十号室に落ち着く。ベランダからはワイキキのビーチやダイヤモンドヘッドが一望でき、夜には山の頂上付近まで灯りがきらきらと光って、夢の世界のように美しい。

夕食の後、ボーイさんが「プレゼントです」と赤いリボンのついた籠を差し出した。可愛い籠の中にはジュース、チョコレート、クッキー、ナッツ、フルーツなどが詰まっていた。瀬戸さんと二人で大喜び。女性は幾つになってもリボンのついた籠やチョコレート、クッキーなどの贈り物が大好きなのだ。

翌朝は小型飛行機に乗りマウイ島へオプショナルツアー。海抜ゼロメートルの海岸からハレアカラ山三千メートルまで一気にバスは登っていく。頂上付近は強い風と雨で寒くて外に出られない。

この山に自転車で登る若者がいると聞いて驚いた。砂糖きび畑を走るおもちゃのような列車に乗ったり、はるか沖のほうでくじらが潮を吹くのを見ることもできた。

翌日はグラスボートで八マイルの沖合に出る。船の中に開けた窓から海中を覗いたら、海の底にはびっしりとサンゴが生息し、小さな魚がたくさん泳いでいた。

突然目の前に異様なものが現れてギョッとする。海の中で魚に餌付けをしているおじさんだった。船の中の私たちに向かって笑いながら手を振り、皆も大喜びして一斉に手を振る。

デッキの上からパン屑をまくと、水面が真っ黒になるほど小魚が集まってきた。大きな青い海亀が船の近くをゆうゆうと泳いでいく。海の中のいろいろな生き物たちを間近に見ることができ、満ち足りた気持ちでホテルに戻った。

翌日は終日自由行動なので、二人でバスに乗りアラモアナショッピングセンターにお土産を買いに行くことにした。二度目なのでバスの乗り方にもすっかり慣れた。

ハワイに行けば誰もが訪れるというこの有名なショッピングセンターには、高級店もあれば手頃な値段の店もあり、セルフサービス形式の広いレストランもあって何度行っても楽しい。マカデミアナッツチョコレート、Ｔシャツ、黒サンゴのネックレスなどを買った。

午後はホテルから水着のままビーチに出て泳いだ。アメリカの若者に「ソーリー、プッシュ、プッシュ」と頼んで、瀬戸さんと二人で写真を撮ってもらう。こんないい加減な英語でも、カメラ片手に身振り手振りでお願いすればちゃんと通じて、明るく気さくなアメリカの若者が「ＯＫ」と快く言ってくれる。

明日は十時の飛行機で日本に帰る。二度目のハワイも夢のように時間が過ぎて、あっという間に帰る日になってしまう。

●Ｙさんと心がひとつに結ばれる

ハワイから帰って二日目にＹさんが遊びに来た。チョコレートとアロハシャツのお土産をとても喜んでくれた。

「声を聞きたいから毎朝電話をするよ。月末には花見に行こう」と言ってくれる。その約束通り、それから毎朝五時になるとベルが鳴り、「おはよう、今日も元気か」と電話の向こうからＹさんの声が聞こえる。

平成九年三月二十日、Ｙさんが伊豆に連れて行ってくれた。石廊崎で吊り橋を渡る時手を引いてくれる。そんなことは今まで夫にもしてもらったことはない。少しためらう私に「誰も知っている人はいないし、恥ずかしいことではないよ」

とYさんは堂々としている。思い切って親切に甘えて手を引いてもらう。胸がドキドキしたが、うれしさが込み上げてきて知らず知らず心が弾んでしまう。

それから先は若いカップルのようにずっと手を繋いで歩いた。波勝崎のモンキーセンターやランの里などを見学し、二人並んだ写真もたくさん撮った。この一日で私とYさんの心はひとつに結ばれたような気がした。


伊豆の旅がとても楽しく忘れがたいものになった私とYさんは、一週間後、今度は湯河原へ一泊旅行に出かけた。道子の家でYさんと待ち合わせ、初めて道子に紹介した。

道子はどう思っただろうか。まるで恋する乙女のような母親を見て、あきれたか喜んでくれたか分からないが「楽しんできてね、いってらっしゃい」と送り出してくれた。

湯河原の宿に着き、ホッと一息つく。今は何のこだわりもなく心が結ばれて、二人でいることがとても自然でお互いに優しい気持ちになる。

翌朝は八時に宿を出る。河津に着くと、どちらからともなく自然に手を繋ぎ合って河津七滝まで山道を歩いて行った。

湯河原から帰った翌日の早朝五時、Yさんから電話がある。「楽しかったね。忘れられない思い出だ」と言う。それは私も同じことだ。私たちは以後、お互いになくてはならない間柄となった。

山北駅（JR御殿場線）の花見にも行った。線路に沿って満開の桜並木が続いている。考えてみると、今まで花見を楽しむことなどなかった。桜の花がこれほど美しいものだと初めて知ったような気もする。足を延ばしてそのまま箱根湯本までドライブした。見事なしだれ桜に多くの見物客で賑わっていた。

夜の九時、自宅へ帰るYさんの車のヘッドライトが遠ざかっていくのを見て、とても淋しくなり帰って欲しくないと感じた。それ以降、Yさんは週に二日は必ず家に遊びに来てくれるようになった。

以前に片方の目だけ逆さ睫毛を手術したが、もう片方も手術することになり、

Yさんが車で病院まで連れて行ってくれる。手術の途中で血圧が高くなり気分が悪くなって吐いてしまった。

しばらく手術を中断し、ようやく終了したが起き上がることができず、寝たまま外来まで運ばれ、しばらく横になって安静にしていた。Yさんはずっと付き添って背中をさすってくれたり、靴下をはかせてくれたりと献身的に世話をしてくれた。

おかげでどれほど心強くいられたことか。すっかり安心して甘えさせてもらった。道子が迎えに来たので彼は帰っていった。

「あんな恐い顔でゲーゲーやったら百年の恋も冷めてしまうわよ」

心配しながらもからかうように道子は笑って言った。けれども不思議なことに私はすっかり彼に頼り切った気持ちで、どんな顔を見られようと少しも気にならなかったのだ。というより、あまりにも気分が悪くて何も考えるゆとりがなかったのかもしれない。

翌日、心配して顔を見せた彼は「ぐったりして寝ている顔を見ていたら、とても可哀相になってずっと面倒見てやりたいという気持ちになったよ」と言ってくれた。このような優しい言葉を私は今までの人生で聞いたことはなかった。

●彼の家族十二人と一緒に温泉旅行

私とYさんとは、季候のよい秋には下田や伊東、山梨の昇仙峡に紅葉見物などに出かけた。伊東では初めて海釣りを経験し、へまばかりで彼に世話をかけっぱなしであったが、少しずつ慣れてメジナの子やボラを釣ることができた。

彼はいろいろなことを教えてくれて、多くの楽しさや喜びを与えてくれる。ワープロが使えるようになったのも彼のおかげだ。自分で人生を切り開いて前を向いて歩いては来たが、その日々の生活に彩りをつけてくれた。

テレビでは若い恋人同士が豪華にクリスマスイブを過ごすという話題で賑わっているが、私たちも負けてはいない。彼に手編みのセーターと襟巻きをプレゼントし、彼は綺麗なサロンエプロンとケーキを持ってきてくれた。

この年齢になるまでクリスマスに好きな人とプレゼントの交換をするなど、まったく縁のないことで考えもしなかったことだ。ウキウキと心が弾み、幸せに満ち溢れ、こういう運命に導いてくださった神様に心から感謝した。

平成九年も終わりを告げる暮れの二十九日、彼の家族十二人と一緒に稲取温泉に一泊旅行に出かけることになった。家族の方々に初めて紹介されるとあって、少し緊張気味の私を朝の七時半に彼が迎えに来た。

近くの駐車場で瀬戸さんと出会い、二人でいるところを見られてしまう。「行ってらっしゃい」と声を掛けてくれた。瀬戸さんは一緒にハワイに行った時に私が男物のアロハシャツをお土産に買っているのを見て、薄々感じていたと思う。

悪いことをしているわけではないし、こそこそする必要はないのだが、あえて自分から吹聴してまわることでもない。時々とてもうれしくて皆に聞いてもらいたいと思うこともあるが、そこは年の功、静かに二人だけで少しでも多く良い時間を重ねていこうと思う。

総勢十二人の宴会が始まった。私は彼の隣に座る。ご長男の息子さんから「おじいさんがいつもお世話になります」と丁寧なご挨拶があり恐縮してしまう。娘さんや次男の方、お孫さんまでもがお酌に来てくれる。家族の方々に認めていただけたと思うとうれしくて、ホッと胸を撫で下ろした。

翌朝は四時に目が覚めてしまった。彼と二人でいろいろなことを話し合った。一年の最後をこんなふうに締めくくることができる私は幸せ者だ。

●どこに行くのにも手を繋いだ二人

平成十年元日、河原（地名）の彼の家でお正月を過ごす。家族の方々はお嫁さんの実家である福島に行っている。二人で迎えた初めてのお正月である。二日には箱根駅伝をテレビで楽しみ、四日には一緒に大雄山に初詣に出かけた。

今年は二人で去年よりもっと楽しい年にしようと誓い合う。

彼は週に二日は必ず来てくれる。下曽我や湯河原の幕山に梅を見に行ったり、趣味の釣りを兼ねて小田原の早川、国府津や西伊豆の戸田など、二人で方々へ出かける。

本田さんから教えてもらって編んだセーターがやっと出来上がり、彼にプレゼントする。着てみるととてもよく似合って喜んでくれた。

四月には富士霊園に花見に出かけた。ここの桜の美しさは有名だ。高台から眺める薄桃色の花のトンネルは一見の価値がある。

道子と三人で大野山に野蕗を採りに行った時、彼が私の手を引いて急な山道を下りるのを見た道子に「手を繋いだお二人さん、揃って転げ落ちないでよ」と冷やかされてしまう。

季節の移り変わりと共に梅や桜、山菜採り、釣りなど自然に触れて彼と一緒に過ごすことの何と楽しいことか。道子は箱根天成園の一日食事付き入浴券をプレゼントしてくれたり、何かと気を配って私たち二人を温かく応援してくれる。

下山田老人会の総会の折、「加藤さん、好きな人ができたでしょう」と会長から言われて「えっ、いないわよ、そんな人」と答えた。隠すつもりもないが世間の目はなかなかうるさくて面倒なことも多い。なるべく気づかれないようにしたいと思っても、これだけ二人で行動しているのだから、ばれない方が不思議というものかもしれない。

●可愛いリリーとの夏の日の別れ

太陽が照りつける夏の日、私はリリーを捨ててしまった。リリーの居なくなった家の中は妙に広く感じられてがらんと淋しい。甘えた鳴き声やカリカリと餌を食べる音も聞こえず、ダラーンと伸びて安心して寝ている姿や、何かを見つけ飛びかかろうと身構える時の真ん丸な目ももう見ることはない。

リリーは毎晩本田さんの車の上に乗りに行った。白い毛が付着するので車を大切にしているご主人は多いに困惑していた。

毛が付くぐらいなら大目に見てもらえるかもしれないが、大事な車に爪でも立てて傷つけてしまってはお詫びのしようがない。仲良くしている大切な友人の本田さんと気まずい関係にはなりたくない。

私は悩んだ。もともと猫が嫌いだったのに、私になついたリリーとの暮らしもすっかり当たり前のようになっていた。外に出さないようにしようか、でもそれではリリーが可哀相だ。いろいろと考えて結局猫より人間が大切と割り切ることにした。

リリーを酒匂川の河原に連れて行く。夏の暑い陽射しから逃れるように車から出すと、さっとどこかへ走って行った。「リリー、ごめんね」と言いながら、せめてもの自分への言い訳のように、あたり一面に餌をひと袋全部まいた。「リリー、お腹が空いたらここにご飯があるからね、食べるんだよ」

静かな夜の闇の中で、ふとリリーの鳴く声が聞こえたような気になることもあるが、リリーは二度と戻ってこない。

夏も残りわずかとなった。娘優子の家族と一緒に六人で中川温泉（神奈川県・丹沢湖の北）のキャンプ場に行く。六人まで宿泊できる八畳程度のログハウスを一万五千円で借りられるのだ。持参してきた材料で自炊をし、孫三人に囲まれて昼寝をする。

私には親孝行な娘が三人もいる。息子も一人いるが、今は音信不通である。この息子のことを考えると頭が痛くなり、気がかりが消えることはないが、元気でいればもうそれでいい。亡夫との結婚生活は決して恵まれていたとはいえないが、子どもたちという大きな宝物を私に残してくれた。

すべてに恵まれることなどありはしない。何かひとつでもありがたい、うれしい、幸せだと思えることがあれば人生は万々歳なのだ。

中川温泉で孫たちと楽しく過ごした一週間後には、今度は彼と一緒に西伊豆の田子で釣り三昧である。メジナが二匹ほど釣れた以外、釣果はなし。近くの堤防の上では、二人の若者が二十センチはあるメジナをたくさん釣っていた。

「よかったら持っていきませんか」と二十匹以上も分けてくれる。大喜びの私に、

「お前はくれるものなら何でも貰うんだな」と彼が笑う。

帰宅してからメジナを煮つけ、ご近所五軒に五匹ずつ配った。

●諦めずに夢を失わずに生きていきたい

好奇心と行動力では誰にも負けないと自分で勝手に自信を持っている私は、チャンスがあればどこにでも行き、なんにでもチャレンジしてみたい。というと聞こえはいいが、単にミーハーなだけかもしれない。

東京湾アクアラインの「海ほたる」にもさっそく行ってみた。川崎からバスに乗りトンネルを抜けると海の上に大きな白い建物が建っていた。海の下を掘った大きな鑿《のみ》が飾ってあった。長く延びた橋のはるかかなたに対岸の房総半島が見える。海を見ていると、いつか房総にも釣りに行ってみたいと思えてきた。

釣りは彼が私に教えてくれた大きな楽しみのひとつである。初めて一緒に行った頃は足手まといにしかならなかったが、彼の指導でずいぶん上達したと思う。それでも餌のゴカイがなかなか針に通らず、しまいに指を齧られてしまい、糸はこんがらがるやら針がズボンに引っかかるやらの大騒ぎとなることもある。「お前のを手伝っていると俺の釣る暇がなくなってしまうよ」と言いながらも、彼はその都度嫌がらずに面倒を見てくれる。

近くの早川や伊豆などにはたびたび出かけて行く。下田、伊東、土肥、戸田などでメジナやカワハギ、ブダイ、アジ、渡り蟹やタコも釣ったことがある。彼の大きな釣り竿を借りていたが、私用に小さな竿も買った。

早川に行った時、タコの足を針につけて放り込むと、足元にふわふわ茶色い大きなものが泳いできた。「イカだ、アオリイカだ、大きいぞ」の声がする。だが私たちはタモを持ってこなかった。近くで釣っていた若い人が大きなタモで「すみませんね」と言いながら掬っていった。周りで見ていた人が「惜しかったですねぇ、買ったら一万円はするよ」と自分のことのように残念がっている。今思い出しても悔しい。

彼は釣りに関してはかなり年季が入っている。釣りの奥深さについて私などはまだよく分からないが、川面や海辺の自然の中で信頼できる人と一緒に釣糸を垂れていると、それだけで十分満足してしまう。

中川温泉のブナの湯に行った帰りの道すがら「俺は幸せ者だよ、いつまでも仲良くしていこうな」と彼がしみじみ言った。

幾つになっても素晴らしい出会いはあるのだ。たった一度の人生、たかだか八十年ほどの短い一生、最後の最後まで諦めずに夢を失わずに生きていきたい。

エピローグ　七十七歳、今日も明日も東奔西走

●二人で参加したゆめ国体

平成十年十月十八日、私は最年長七十四歳で神奈川県ゆめ国体に炬火ランナーとして出場した。短い区間とはいえども、最後まで駆け抜けた充実感はひとしおであった。

何よりも地元の人たちの温かい声援に、私の心は喜びでいっぱいに満たされた。波瀾万丈の加藤イト子の人生に、また一生消し去ることができない思い出が深く刻まれた。

ゆめ国体の会期中の十月二十一日は、亡夫謙治の命日。花を持って墓参りに行った。

二十六日には二宮のグラウンドで、彼が出場する国体ゲートボールの試合が行われた。私は一人で応援に行ったが、残念ながら大井町チームは全敗してしまっ

た。彼は、本当に悔しそうな顔をしていた。話しかけることもせずに、そっと静かに帰ることにした。

ゆめ国体は終わった。彼と私の二人とも参加することができたのは幸運であった。この二度とない貴重な経験を共有し、ずっと長く語り合っていけることがうれしい。彼と二人でより多くの思い出を作って、その思い出をお土産に神様の元へ行けたらどんなにいいだろうか。


秋もぐっと深まった十一月の半ば、寸又峡から浜名湖をまわる旅行に出かけた。山の中をぐるぐると長い道のりを走って、ようやく民宿渓山に着く。一日中、山の中を車に揺られてぐったりと疲れてしまい、しばらく休息して元気を取り戻す。夕食の名物しし鍋がことのほかおいしかった。露天風呂で手足を伸ばすと、白い濁り湯がやさしく体を癒してくれる。湯上がりの肌はつるつるとしていた。

翌日は朝八時半に出発して、佐久間ダムまでまた山の中をひたすら走る。日本で初めて作られたダムだと彼が説明してくれる。天竜の町では宿の予約をしていないため、町の観光課で紹介をしてもらったが、風情があるとはお世辞にも言えない旅館であった。

帰りは浜名湖に寄り、館山寺にお参りしてから東名高速道路で帰路に着いた。三日間長時間の運転で彼はさぞ疲れたことだろう。思い出作りも楽じゃない。私を楽しませてくれてありがとう、心からお礼を言った。

疲れてぐっすり熟睡したせいか、翌朝四時半に目が覚めてしまう。新聞を取りに外に出ると、まだ真っ暗な空に星がたくさん瞬いていた。町が活動を始める前の晩秋の空気は澄み切って、オリオン座や北斗七星がはっきりと見える。さぁーっと一瞬黄色の線が走り、星が流れた。

木曜日はボランティアの日である。リサイクル仲間の友達が「イト子さん、この間車に乗っているのを見かけたけど、運転していたのは誰なの」と聞かれる。

友楽会で男鹿半島へ旅行した時も、「イトちゃんはYさんが好きなのか」と人に言われた。

私たちのことが大分噂になっているらしい。気づかれないほうがおかしい。彼はたびたび我が家へ来るし、車を側に止めていることも多い。狭い地域の中で目立たないわけがない。

あまりムキになって否定するのもかえって変に思われるし、そうかといってもろ手を上げてのろけてみせるのも気色が悪いだろう。どういう態度をとったらよいのか分からない。成り行きにまかせて自然のままに振る舞っているしかない。

●病む友のか細き声に胸が痛む

平成十一年の幕が上がった。大正に生まれ、激動の昭和を生き抜いて平成の時代もすでに十年を超えた。三時代にまたがり、どうにか無事に年齢を積み重ねてこられた。

この年のお正月は彼と一緒に小田原の初日の出を見に行くことから始まった。飯泉の観音様に今年も一年、周りの皆が健康で暮らせますようにと手を合わせる。私の一番の宝物は健康である。脳梗塞気味ではあるが、それも年齢を考えれば当たり前のことかもしれない。しかし油断は禁物。同年代の人たちと比べて運動の量が多いということは、それだけ怪我をしたり体に負担がかかることもあるということだ。

マラソンやダンス、釣りも旅行も体の調子が少し悪いだけで楽しくなくなってしまう。お金の苦労も山ほどしてきたが、健康でありさえすれば何とか乗り越えていける。

昨年同様、彼の家で駅伝を見たり、近くの寺に初詣に出かけたりしてのどかなお正月を過ごすことができた。

一月も半ばを過ぎたある日の早朝、徳島の宣ちゃんから電話がかかってきた。具合が悪くて体中が痛く食欲もないという。電話口から聞こえてくる言葉のろれつが回らない。何の病気なのかよく分からないが、かなり悪いらしい。八重ちゃんとも連絡を取り合い、翌日徳島へ向かうことにした。

新幹線の中で宣ちゃんのことを考えていると心が落ち着かず、気持ちを鎮めるために私は歌を詠んだ。

病む友の　か細き声に　胸痛み　心急かせる　瀬戸の大橋

宣ちゃんはすぐ飛んできた私たちに驚き、涙を流して喜んでくれた。宣ちゃんの顔は青白くいかにも元気がなかった。久しぶりに三人で泣いたり笑ったり思い出話に花を咲かせる。近くに住む娘さんが届けてくれたお寿司やおでんをいただきながら、少女時代に戻って語り合う話はいつまでも尽きることがない。

ふと気がつくと、先ほどまで沈んだように青ざめていた宣ちゃんの顔にほんのり赤みがさし、声にも張りが出ている。八重ちゃんにあれこれと指図までしている。安心すると同時におかしくて、思わず八重ちゃんと顔を見合わせてしまう。

良かった、元気を取り戻した。これがきっかけで気持ちが立ち直れば体も良くなるかもしれない。娘さんは驚きながら「おばさんたちが何よりの薬です」と感謝するように言った。

翌朝、宣ちゃんの顔色はすっかり良くなっていた。一日中三人で昔に戻って大いに笑ったのが良かったのだろう。宣ちゃんの家には五日間滞在し、どうにか元気を取り戻した姿に安心して帰路についた。

帰りの新幹線の中で、今度は安堵の気持ちで歌を詠んだ。

　あれこれと　指図する友　病癒え　頬に紅差す　お別れの朝

四か月ほど後、すっかり元気になった宣ちゃんからぜひ遊びに来るようにとの電話があり、八重ちゃんと再び徳島へ向かった。せっかく四国まで来たのだから三人で松山へ旅行しようということになり、今度は何の心配もなく三婆は伊予松山の一夜、大いに盛り上がり、遅くまで笑い合い語り合った。

●友人たちと一緒に楽しく生き生きと

私が大井町で暮らすようになって十二年の月日が過ぎた。道子がそばにいるとはいえ、見ず知らずの土地で一から出直す緊張と不安も少しあった。けれどもそれ以上に新しい場所に対する好奇心や楽しみがあった。ご近所の小さなおつきあいが地域の輪に広がって、いつのまにかこの地にすっかり馴染んで根を張ることができた。

友楽会やゲートボールの友人たち、ボランティアやサークルの仲間、地域のすべての人たちの友情や好意に甘え導かれて、私は豊かな老後を送ることができる。感謝の言葉もない。私がお返しできるものは何だろうか。

長生きして地域のいろいろな催しや行事に積極的に参加し、一人暮らしの年寄りでもこんなに楽しく生き生きとした人生が送れることを知ってもらうことが、私の恩返しかもしれない。

私は友人や仲間たちと一緒にいろいろなことを経験した。東京電力見学旅行をしたり、ひょうたん祭りではテントを張ってリサイクルチームでアイスクリームを売った。地域の皆で集う行事は数々ある。柏崎刈羽原子力発電所見学では、初めて原子力発電について勉強することができた。大豆ほどのウランで六百軒の電灯がつくという。

公民館で開かれる敬老会作品展に墨絵を出品したり、ウオーキング大会の役員をしたり、なかなか忙しい。リサイクルの仲間たちとゲートボールチームも作った。チーム名は若々しくおしゃれにという意味を込めて〝おしゃらく〟とつけた。

この町に受け入れられ、溶け込み、そして活動する場がたくさんあるというのは何とありがたいことだろうか。

この地で私は人生のパートナーと呼ぶべき人ともめぐり会うことができた。第一の伴侶には大分苦労させられたが、今となってはそれも自分に与えられた運命だったと素直に受け止めることができる。過ぎ去ったすべての道が今に繋がっているのだろう。それを思うと、七十年あまりの歩みの中で私に与えられたすべてのことが愛しくさえ感じられる。

●「人生の晩年、苦労した分きっと幸せになれる」
平成十二年のお正月、彼の家族全員と土肥の喜代治館に出かけた。今年も彼とともに新年を迎えることができた。下田のサンドスキーのできる海岸で、子どもたちは大喜びだ。若い人たちに交じって彼も負けじと滑って、ズボンのお尻が破けてしまう。

夜は賑やかにカラオケ大会。私と彼は〝大阪すずめ〟をデュエットする。

翌朝七時に前日海に沈めておいた籠を見に行くと、大きなウツボが入っていた。

四月には十年間続けたボランティアをやめることにした。淋しくて自分の口から話すことができず、皆にお別れの手紙を書き本田さんに言付けた。本当に優しくしてもらった。私もすでに七十六歳。自分がボランティアをしてもらう年齢になった。

皆が、イトちゃんが来なくなると淋しいから特別会員で参加してほしいと言ってくれる。六月一日の誕生日にはキャンディのたくさん入った綺麗な袋に赤いリボンを結んでプレゼントしてくれた。この十年間、多くのことを学ばせてもらえた。心から皆にありがとうと言いたい。

今、私は幸せの中にいる。彼を信頼し、楽しい日々を共有している。時々箱根や湯河原の日帰り入浴に行ったり、月に一度は西伊豆に泊まりがけで釣りにも出かける。ワープロもかなり上達している。週に三回のゲートボール、週に一回のダンス、墨絵にも通っている。そんな私を見守り手を差し伸べてくれる多くの家族や友人がいる。

「人生の晩年は苦労した分、幸せになるよ」

昔、川鉄の守衛のおじさんが占ってくれた言葉は本当になった。

幸せは天から自然に降ってくるものではなく、自分の周りのささやかな生活の中にたくさん埋もれている。探し出すのは自分なのだ。

七十歳も半ばを過ぎた今、この世に生を受けて以来、今日までの人生を見つめ直し、自分の歩んできた道を書き記してみたいと強く思い立った。記憶を蘇らせ遥か過ぎ去りし時を掘り起こす日々の中、改めてこの人生の道程で出会った多くの人たちに深い感謝の念が芽生える。

これからも多くの好意や思いやりを忘れることなく、マラソンのように自分のペースを守りながらゆっくりと前を見つめて楽しく生きていきたい。七十七歳のイト子、今日も東奔西走である。

誰でも、人生の晩年、苦労した分きっと幸せになれるのだ。

著者プロフィール

加藤　イト子（かとう　いとこ）

大正13年　大分県別府市生まれ。
大連高等女学校卒業。
調理師資格取得。

人生ゆめランナー　七十七歳、私は幸せを走りつづける

2002年3月15日　初版第1刷発行

著　者　加藤 イト子
発行者　瓜谷 綱延
発行所　株式会社 文芸社
〒160-0022 東京都新宿区新宿1-10-1
電話 03-5369-3060（代表）
03-5369-2299（営業）
振替 00190-8-728265

印刷所　株式会社 フクイン

ISBN4-8355-3505-7 C0095